un jardin où il fait bon vivre

un jardin où il fait bon vivre

COMMENT CONCEVOIR UN JARDIN PROTECTEUR, GUÉRISSEUR, NOURRICIER ET DURABLE

ALISTAIR GRIFFITHS
MATT KEIGHTLEY

ANNIE GATTI
ZIA ALLAWAY

FIRST
ÉDITIONS

Sommaire

Le jardin protecteur

Le jardin guérisseur

Le jardin nourricier

Le jardin durable

Votre jardin peut vous guérir

Monty Don

Auteur, jardinier et présentateur de télévision

« Avec mon expérience, je sais que le jardinage contribue à guérir bien des maux physiques et mentaux. Quand on est triste, un jardin réconforte. Quand on est humilié ou démoralisé, il console. Quand on est dévoré d'anxiété, il apaise, et quand le monde vous apparaît sombre et lugubre, il allume une lumière pour vous guider. »

Alice Vincent

Journaliste et auteure

« **Votre jardin bien-être** est cette chose rare : un livre qui transformera en jardiniers des gens qui ne savaient pas pouvoir l'être. Débordant de toutes sortes d'idées pour l'espace extérieur, il explique avec bonheur comment améliorer notre environnement pour nous sentir nous-mêmes – vraiment ! – beaucoup mieux. »

James Wong

Botaniste, auteur scientifique et animateur de radio

« En tant que phytologue et jardinier, je suis passionnément convaincu du pouvoir thérapeutique des plantes. Le professeur Alistair Griffiths a brillamment résumé, d'une manière claire et pertinente, la recherche de pointe dans ce domaine. Je suis désormais son plus grand fan. Et après ce livre, je crois qu'il en aura bien d'autres! »

Ellen Mary

Présentatrice, auteure et jardinière

« Quand je suis à l'extérieur, je me mets d'instinct au diapason de ce qui m'entoure, du chant des oiseaux au fouissage des vers de terre, et je me prends à contempler les floraisons, l'évolution des saisons... Toucher la terre, semer et prendre soin des plantes, ce n'est pas seulement se reconnecter à la nature, c'est se «rappeler» que nous sommes la nature. Ce processus mental est générateur de bien-être. Quand il se produit, on voit le monde de manière neuve, et le jardinage permet ce miracle au quotidien. »

Préface

Nous vivons une époque faste pour les jardins, comme pour chacun d'entre nous. Car la science démontre chaque jour davantage que les jardins et le jardinage sont bons pour notre bien-être physique, mental et social.

Une révolution du jardinage est en cours. Elle révèle l'importance des jardins pour notre bien-être. Aucune autre activité n'est à même de nous apporter autant, notamment cet impact quantifiable sur notre mode de vie, notre bien-être mental et notre interaction sociale.

Le jardinage nous aide à être en forme et à tisser des liens, ainsi qu'à profiter de la nature, à nous y fondre et à apprécier ses couleurs, sa faune et sa beauté. Sa seule contemplation nous apaise et nous recharge intellectuellement. Et à côté des belles plantes, qui ravissent nos sens, nous pouvons aussi cultiver des fruits et des légumes, et même des remèdes pour nos petits maux quotidiens. En outre, les jardins et les végétaux améliorent notre environnement en nous protégeant du bruit, de la pollution et des températures extrêmes.

La Royal Horticultural Society (RHS) poursuit des recherches, qu'elle diffuse largement, afin d'améliorer encore les bienfaits du jardin pour notre santé comme l'environnement. Ces dernières années, notre équipe scientifique du jardin Wisley de la RHS a cherché, en collaboration avec plusieurs universités européennes et américaines, à préciser comment les plantes, les jardins et le jardinage agissent sur la santé et l'environnement. Ces travaux se fondent sur des études scientifiques publiées et sur nos propres recherches, avec l'aide et le soutien de doctorants et de post-doctorants, ainsi que des accords de partenariat. Il s'agit d'explorer toutes les questions concernant les jardins et l'environnement, ainsi que les usagers de ces jardins et leur faune, et de préciser les services écosystémiques (les bienfaits) apportés par les jardins et les espaces verts.

Cet ouvrage met pour la première fois la science en pratique, pour vous permettre d'améliorer votre jardin. C'est une époque faste pour ceux qui aiment les plantes et les jardins. Et elle ne fait que commencer.

Alistair Griffiths
Directeur des sciences et des collections
Société royale d'horticulture

Le jardin Wisley de la RHS est le jardin amiral de la Société royale d'horticulture. Il héberge le tout nouveau National Center for Horticultural Science and Learning, Centre national des sciences et de l'apprentissage horticoles.

Mon plan du jardin du bien-être est composé d'une série de pièces de verdure, pour que l'on s'y sente enveloppé par la végétation et que chacun éprouve un sentiment d'espace clos et protégé, avec une vue dégagée.

Introduction

Les bénéfices pour la santé et le bien-être d'un espace extérieur calme et reposant ne sont plus à démontrer, et cet aspect est pour moi aussi déterminant dans les jardins que je crée pour des clients que dans le mien.

J'aime retrouver la paix et la verdure de mon jardin, pour me relaxer et me détendre. Avoir quelque chose à entretenir et à soigner donne un but sans contrainte, ce qui est important pour ceux qui ont la santé fragile. Il est donc essentiel de faire de votre jardin un bel espace attrayant, qui vous enchante et vous occupe, qui vous détourne des soucis et vous encourage à prendre le temps, ou, simplement, à vous relaxer.

Un jardin a une limite. Avec quelques astuces, on peut en faire une structure rassurante, qui vous donne un sentiment de protection et de sécurité et vous met à l'aise, au lieu de la percevoir comme une barrière qui exclut ce qui est au-delà. Créez un espace qui vous occupera l'esprit et vous fera oublier le stress du quotidien. Un sentier sinueux vous pousse discrètement à ralentir votre marche, peut-être pour vous rendre à un coin de repos, une tonnelle cachée, couverte de plantes, ou à une fontaine aux glouglous apaisants, qui n'attend que d'être découverte.

Les parfums peuvent créer une atmosphère ou dissiper l'anxiété, et nombreuses sont les plantes exhalant des senteurs relaxantes ou excitantes. Pour en profiter pleinement, installez-les près des bancs, sur les pergolas et les treillages, mais aussi en bordure d'allées, car lorsqu'on les effleure, elles libèrent leurs arômes et exaltent le plaisir des sens.

Je suis un ardent partisan des associations de textures, qui séduisent par leur variété et poussent à la découverte – des arbustes soyeux, comme le romarin, que l'on a envie de caresser, des graminées se balançant doucement au vent, ou même, pour sa structure, un mélange de matériaux naturels et artificiels. Il faut également penser aux sons : étouffer des bruits importuns ou les faire oublier. L'eau est pour cela idéale, d'autant qu'elle constitue aussi un centre d'intérêt et qu'elle réfléchit le soleil vers les zones d'ombre.

Votre jardin est votre espace, et, avec un peu de réflexion et une planification judicieuse, vous pouvez en faire un havre de bien-être et votre petit refuge.

Matt Keightley
Architecte paysagiste primé

LE JARDIN ESPOIR À L'HORIZON
Ce jardin a été conçu comme un espace serein et contemplatif pour d'anciens combattants qui récupéraient d'un traumatisme de guerre. Les plantes, qui vont du blanc au bleu et au violet, sont équilibrées par des graminées (*Stipa*) qui captent le soleil et se balancent doucement au vent.
Conçu par Matt Keightley.

Le jardin protecteur

Introduction

Notre jardin peut nous protéger en nous abritant contre la pollution de l'air et les allergènes, ainsi qu'en filtrant ou en masquant les bruits importuns.

Les plantes nous protègent en permanence des bruits et de la pollution, et améliorent notre environnement. Les arbres et les arbustes, par exemple, interceptent les particules en suspension, émises par la circulation automobile. Des études montrent que la présence de végétaux sur n'importe quel support – mur, clôture, toit – en réduit aussi la concentration dans le jardin. Les plantes offrent aussi une protection contre la pollution sonore, et des sons naturels comme le bruissement des feuillages ou le murmure d'une fontaine peuvent masquer les bruits de la rue et du trafic routier. En outre, les plantes du jardin, qui réduisent le taux de pollens et d'allergènes dans l'air, permettent de profiter de votre espace extérieur toute l'année, même si vous êtes sujet au rhume des foins. Par ailleurs, il est important de sauvegarder la faune sauvage en prohibant l'utilisation des pesticides et des produits chimiques, et en luttant donc contre les parasites de manière écologique et intégrée. C'est là une bonne manière de protéger votre santé en même temps que votre jardin et l'environnement.

Le potentiel antipollution des plantes

Les végétaux interceptent les particules polluantes et dangereuses, protégeant ainsi les personnes.

Beaucoup d'entre nous sont exposés aux polluants atmosphériques, issus de l'industrie, des moteurs de voiture et de l'utilisation de combustibles fossiles. Or les plantes, qui capturent sur leurs feuilles ces particules en suspension, améliorent la qualité de l'air ambiant. Pour exploiter cette possibilité, plantez des arbres, des arbustes et des haies, qui joueront le rôle de barrière antipollution. Et si la place manque, optez pour des grimpantes et des retombantes, ainsi que pour des murs et des toits végétalisés.

COMMENT LES FEUILLES PIÈGENT-ELLES LES PARTICULES ?

Les feuilles piègent des polluants atmosphériques, mais certaines sont plus performantes, en particulier celles qui sont duveteuses, écailleuses, cireuses et rugueuses. Les chercheurs de la RHS ont montré qu'un if accumule quatre fois plus de particules fines qu'un photinia, dont les feuilles sont lisses et moins denses. De même, les feuilles aux formes complexes sont plus efficientes que celles à structure simple. La quantité de particules que peut capter une plante dépend de la concentration des polluants dans l'atmosphère, de l'humidité, de la vitesse et de la direction du vent, ainsi que de la température.

Un enjeu important

Selon l'OMS, 90 % de la population mondiale respire un air pollué, ce qui entraîne une augmentation des maladies respiratoires et cardiaques, des cancers, des AVC, des diabètes, de l'obésité, de la démence et de la mort prématurée. Les particules très fines sont les plus dangereuses, car, *via* les poumons, elles pénètrent dans le sang, et même dans le placenta du fœtus.

FEUILLES DUVETEUSES
Elles présentent une surface de contact plus importante que celle des feuilles lisses, et captent sur leurs deux faces les particules (en rouge sur l'image du microscope électronique) qui, piégées entre les poils, ne peuvent pas être libérées par le vent. Exemples : cotonéasters (*Cotoneaster franchetii* ; *C. coriaceus*), groseillier à fleurs (*Ribes*).

COTONÉASTER
(*Cotoneaster franchetii*)

FEUILLES ÉCAILLEUSES
Les feuilles en forme d'écailles présentent une surface irrégulière, qui accroît la turbulence de l'air autour de la plante et favorise l'accumulation de dépôts de particules. Ces dernières se trouvent en outre piégées dans la couche cireuse de la cuticule (membrane externe de la feuille). Exemples : thuya géant (*Thuja plicata*), cyprès doré de Monterrey (*Cupressus macrocarpa* 'Goldcrest').

THUJA GÉANT
(*Thuja plicata*)

FEUILLES CIREUSES
Les particules sont piégées dans la cuticule, la couche externe de la feuille, où elles s'incrustent. Exemples : if (*Taxus baccata*), houx (*Ilex aquifolium*), laurier-tin (*Viburnum tinus*).

IF (*Taxus baccata*)

FEUILLES RUGUEUSES
La surface inégale de ces feuilles accroît les turbulences de l'air, ce qui pousse les particules à se loger dans les sillons et sur les crêtes, où elles adhèrent. Exemples : aubépine (*Crataegus monogyna*), charme (*Carpinus betulus*), rosier rugueux (*Rosa rugosa*).

AUBÉPINE
(*Crataegus monogyna*)

QUEL EST LE MEILLEUR TYPE DE PLANTATION ?

Une haie peut former une barrière protectrice entre votre jardin et une source d'émission de particules, en les dirigeant vers le haut, où elles se dispersent.

Des arbres, plantés en large bande le long d'une route passante, sont efficaces pour capter les particules toxiques, mais certaines espèces sont vingt fois plus performantes que d'autres. À Pékin, en Chine, des chercheurs ont calculé que les arbres du centre-ville piègent 772 tonnes de particules en suspension par an.

Dans les rues larges, les turbulences sous les arbres d'alignement favorisent le dépôt des particules polluantes sur les feuilles ; celles qui restent sont dispersées par les courants ascendants. Dans les rues étroites, de grands arbres peuvent, en revanche, aggraver les effets de la pollution.

L'effet des rues « canyons »

Dans une rue étroite, bordée de hauts immeubles, un alignement de grands arbres risque d'accroître la pollution au niveau du sol. La masse des feuillages empêche en effet l'évacuation par le haut des polluants émis par le trafic routier - en général, ce n'est pas le cas avec de petits arbres.

Les haies sont plus performantes (voir ci-contre). Elles forment une barrière qui piège les particules, tout en permettant aux fumées de s'évacuer. Une étude de 2018 a montré que celles longeant les routes peuvent réduire de 63 % le noir de carbone des pots d'échappement. À eux seuls, les arbres ne diminuent pas la pollution à hauteur de respiration.

Des plantes plutôt qu'une clôture

Comparée à une clôture, une haie, avec les faces de ses nombreuses feuilles et son épaisseur, offre une plus grande surface de piégeage des particules. C'est ce qu'illustre l'indice de surface foliaire : il mesure la surface que couvrirait 1 m² de feuilles d'une plante que l'on aurait disposées côte à côte sur le sol (ci-contre, à droite). Certaines feuilles piègent les particules sur les deux faces, ce qui accroît le volume d'air filtré.

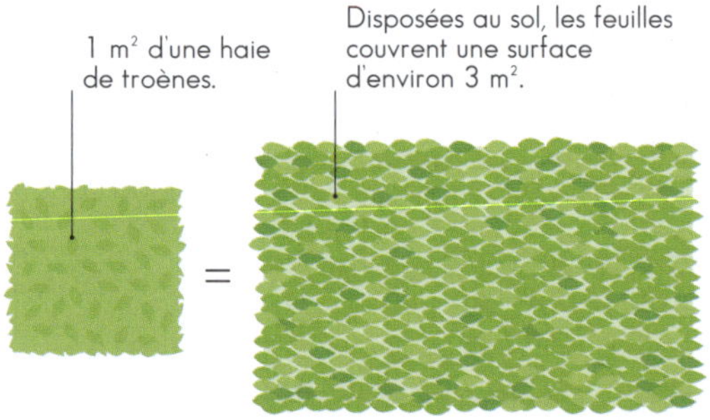

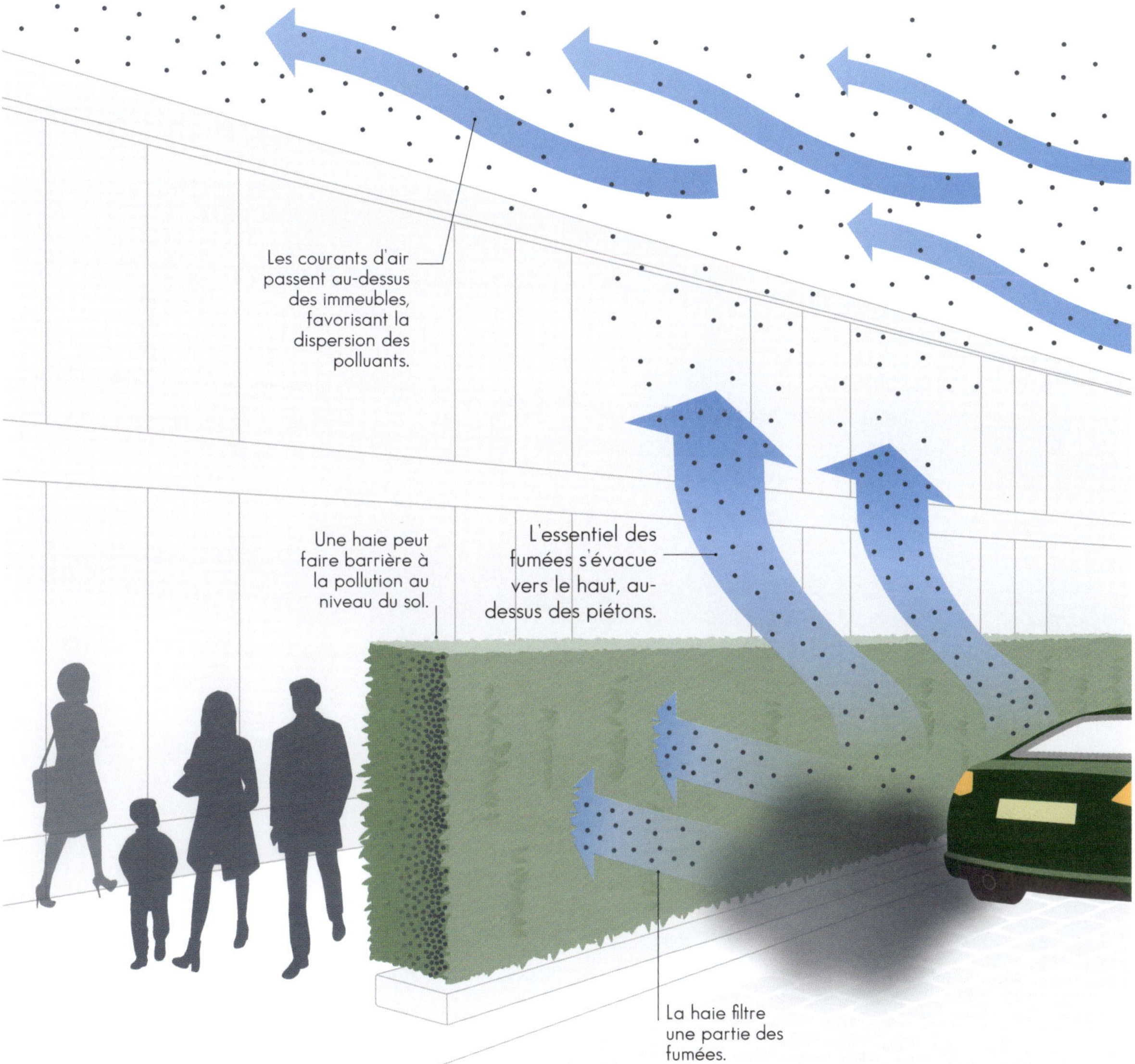

DÉPOLLUTION AU NIVEAU DU SOL

Une haie protège à partir du niveau du sol. C'est important pour les enfants, qui sont très exposés aux particules polluantes, précisément à celles émises très bas.

En France, on estime que les **grands arbres** peuvent retenir jusqu'à 5,4 tonnes de **CO_2 par an** et 20 kg de poussière.

COMMENT OPTIMISER L'EFFICACITÉ DE VOTRE HAIE

En général, une haie en bonne santé, très feuillue, capte mieux la pollution qu'une clôture. Il convient toutefois de choisir les espèces végétales les plus performantes (voir p. 21) pour obtenir les meilleurs résultats. En outre, la hauteur de la haie, ainsi que sa largeur et sa densité, jouent un rôle à ne pas négliger (voir ci-dessous).

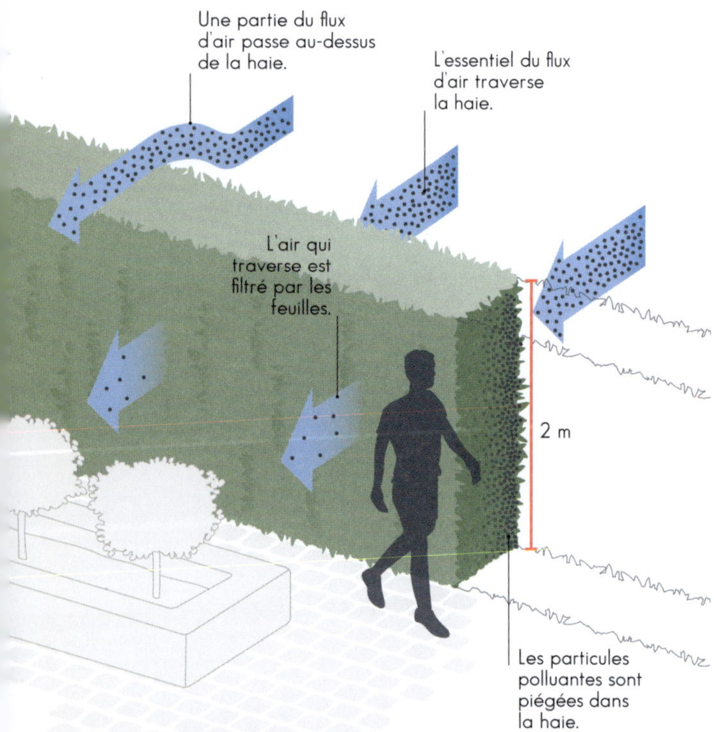

Un bon entretien

Une taille régulière permet à la haie de conserver sa densité, d'offrir une surface maximale pour retenir les particules polluantes, et de rester compacte et feuillue jusqu'à la base.

Une haie régulière doit être taillée deux à trois fois en période de croissance. Pour une haie libre, une seule fois suffit. L'époque dépend du type de plantes, mais, dans tous les cas, une taille après plantation favorise la reprise comme une croissance rapide. Entretenue, la haie accueille des animaux : évitez de la tailler entre mars et août, pour ne pas déranger les nids.

Pour choisir votre haie

Préférez les arbustes formant naturellement un écran dense, car l'enchevêtrement de leurs branches piège les particules. Le bon potentiel antipollution des six espèces citées ci-contre a été scientifiquement prouvé. Si celles-ci ne conviennent pas à votre jardin et à ses conditions de culture, cherchez-en ayant les mêmes caractéristiques, notamment pour le type de feuille (voir p. 21). Si les arbres et les arbustes à feuilles caduques se dénudent chaque année, certains, comme le charme, conservent leurs feuilles jusqu'à la fin de l'hiver. Les persistants, tels le houx et le cotonéaster, restent garnis toute l'année. Pour faire votre choix, consultez la check-list p. 27.

LA SCIENCE EN ACTION

Les haies denses qui filtrent l'air capturent davantage de particules que celles qui présentent des vides ou qui ne se laissent pas traverser. Les plus efficaces contre les polluants sont donc les haies perméables de 1 à 2 m de hauteur.

4

1

5

2

6

3

LES MEILLEURES ESPÈCES ANTIPOLLUTION

Les recherches se poursuivent, mais celles-ci sont très performantes.

CADUQUES

1 **Aubépine** (*Crataegus monogyna*), à baies rouge foncé en automne.

2 **Charme** (*Carpinus betulus*), à feuillage jaune en automne.

3 **Épine-vinette de Thunberg** (*Berberis thunbergii*), à feuillage rouge orangé en automne.

Autres options : groseillier à fleurs (*Ribes*), cerisier à grappes (*Prunus padus*), cornouiller (*Cornus*).

PERSISTANTES

4 **Cotonéaster** (*Cotoneaster franchetii*), à fruits rouge orangé en automne.

5 **If commun** (*Taxus baccata*), à tailler une fois par an.

6 **Houx** (*Ilex aquifolium*), à baies automnales rouge vif sur les sujets femelles.

Autres options : buis commun (*Buxus sempervirens*), laurier-tin (*Viburnum tinus*), fusain du Japon (*Euonymus japonicus*), thuya géant (*Thuja plicata*), buisson ardent (*Pyracantha*).

Une haie double

Pour créer une haie à base dense, plantez les arbustes sur deux rangs, en les disposant en quinconce. La distance de plantation dépend de l'espèce choisie et de son développement. Pour le hêtre, par exemple, elle est de 60 cm, comme indiqué ci-dessous.

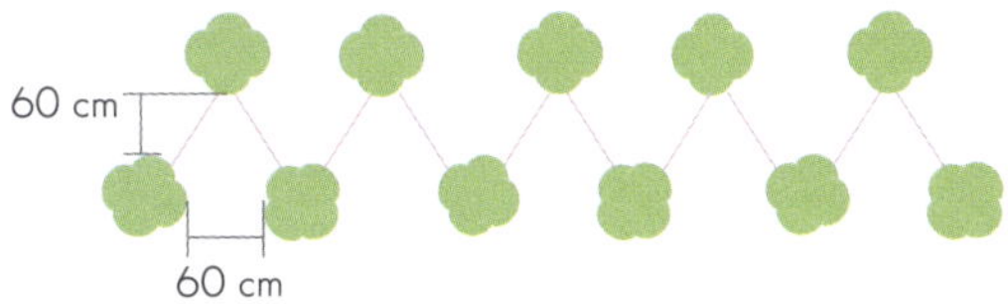

LA CRÉATION DE VOTRE ÉCRAN ANTIPOLLUTION

Si votre jardin est vaste, vous constituerez tout autour un écran de haies et d'arbres filtrants. S'il est petit, vous pouvez aussi créer une barrière antipollution efficace.

Écrans végétaux

Le choix d'un type de haie dépend du climat, du sol et de l'espace disponible (voir page suivante). Dans une zone très polluée, préférez des espèces persistantes et protectrices toute l'année. Même si une clôture n'est pas aussi efficace qu'une haie, mieux vaut la maintenir en place en attendant que les végétaux grandissent. Il est possible de planter des arbres et des arbustes déjà développés. Si l'espace est insuffisant pour créer une haie, faites pousser sur les murs et les clôtures des grimpantes et des arbustes palissés, qui réduisent aussi la pollution. Une étude a montré que 1 m^2 de lierre sur un mur, près d'une route passante, absorbe 145 millions de particules par jour.

Haies décoratives

On donne à la haie un caractère plus original en associant les plantes à divers matériaux, notamment à des panneaux de bois ou de maçonnerie. Les gabions, des structures de grillage solides, remplies de pierres ou de bois, ont un caractère esthétique. La faune peut aussi s'y abriter. Toutefois, en introduisant de tels éléments, on réduit le potentiel antipollution de la haie.

Vous pouvez aussi associer des arbustes de couleurs diverses, par exemple des hêtres à feuillage vert et cuivré, ou des berbéris pourpres et verts.

Bien des espèces de haie sont aussi décoratives en isolées, et, si l'espace est restreint, vous pouvez vous contenter de planter, par exemple, un buis taillé en nuage ou une spirée du Japon. En effet, un sujet isolé réduit à lui seul la pollution. Il présente également un intérêt pour ses fleurs et ses fruits et offre un habitat et de la nourriture à la faune.

Séparation interne

Dans un grand jardin, utilisez les haies pour créer des séparations, des « pièces » de verdure, qui piègent aussi la pollution. Et dans un petit jardin, une haie interne, de longueur limitée, permet de structurer l'espace, tout en constituant un discret écran antipollution.

Une rangée de petits arbres palissés, près d'une clôture, capte davantage de pollution qu'un mur simple.

Check-list

Pour concevoir et créer votre haie, posez-vous ces questions :

- Souhaitez-vous qu'elle constitue un arrière-plan ou un élément décoratif majeur ?
- Préférez-vous des plantes caduques ou persistantes ?
- Préférez-vous des plantes à croissance lente ou rapide ? et des sujets déjà développés, ou qui grandiront en place ?
- Quelles sont les conditions : plein soleil, mi-ombre ou ombre ?
- Quelles sont les températures minimales en hiver ?
- Les plantes doivent-elles être adaptées à un climat sec ou humide ?
- Préférez-vous une haie monospécifique ou mixte ?

Des feuillages colorés apportent de la variété, et vous pouvez même les multiplier (comme ici) dans une haie mixte.

Un arbuste de taille moyenne peut capter **chaque année** l'équivalent de la **pollution** de **30 voitures diesel**.

Avec des plantes grimpantes, habillez joliment les murs, tout en créant un écran antipollution.

PAS DE PLACE POUR UNE HAIE ?

Même si votre espace extérieur est limité, vous pouvez combattre la pollution en disposant partout où c'est possible des plantes qui assainiront l'air environnant. Installez des grimpantes sur les murs et les clôtures, des retombantes sur le balcon, et créez un toit végétal sur l'abri de jardin ou un mur végétal. Des plantes d'intérieur améliorent la qualité de l'air de l'appartement.

Un mur végétal, ou des plantes grimpantes, constituent un bon moyen de piéger la pollution, tout en offrant abri et nourriture à la faune.

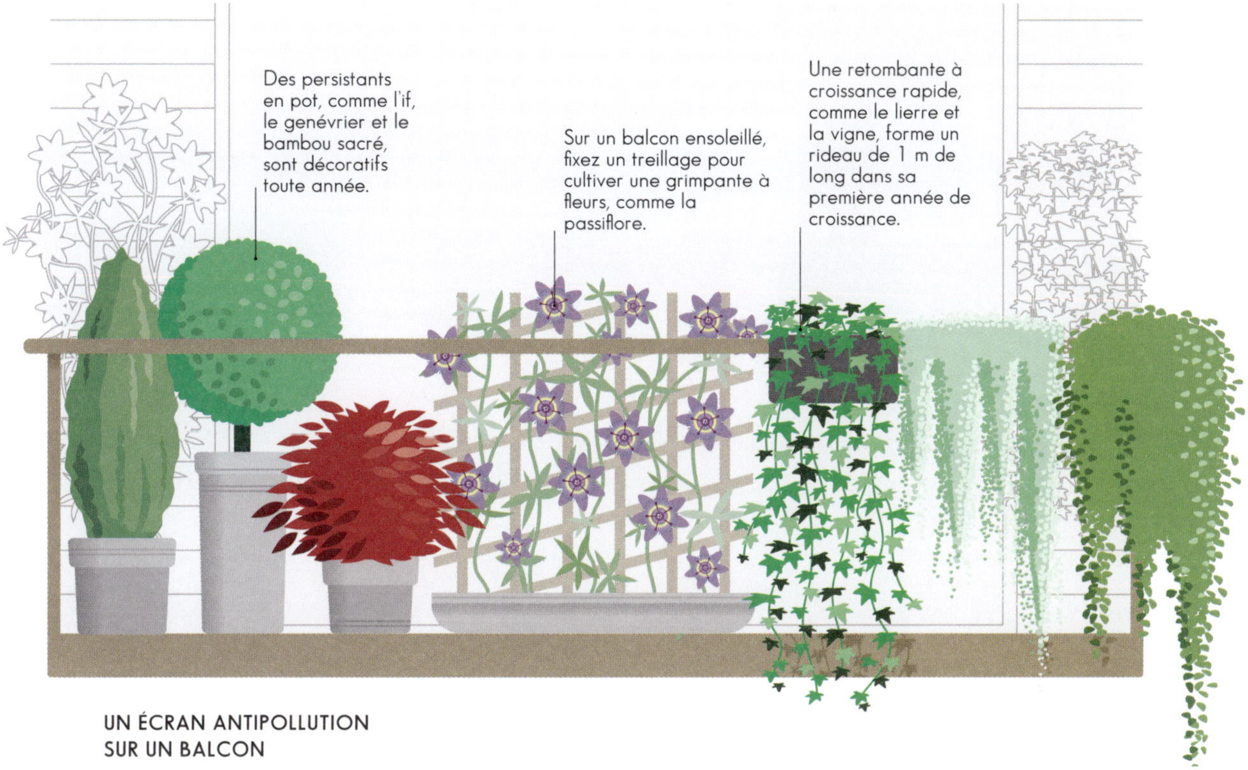

UN ÉCRAN ANTIPOLLUTION SUR UN BALCON

Pas de massif… pas de problème !

Sur un balcon, les plantes sont décoratives, tout en faisant écran à la pollution. Donnez la priorité aux persistantes et associez divers arbustes, comme des buis et des bambous, pour créer un bel ensemble. Les grimpantes forment des rideaux délicats de verdure. Le lierre est à la fois une grimpante et une retombante, et offre des feuillages panachés, aux coloris contrastés.

Les grimpantes et les arbustes palissés couvrent de vastes surfaces en piégeant les particules. Cultivez-les en bac, au pied des façades et des clôtures. Choisissez des variétés adaptées à ce type de culture et à votre climat, et apportez-leur de l'engrais. Optez pour des variétés à fleurs, comme la passiflore ou la morelle faux-jasmin. Si le bac se trouve sous le rebord d'un toit, il faut bien l'arroser. Certaines plantes fleurissent sur un mur au nord, à l'est ou à l'ombre : hortensia grimpant, fusain, jasmin étoilé et quelques rosiers.

Murs et toits végétaux

Un mur végétal peut être un bon investissement. Pour son irrigation, on installe en général un goutte-à-goutte. Les systèmes les moins chers sont des pots sur rails ou des sacs de croissance en feutre. On peut aussi végétaliser le toit d'un abri de jardin ou d'un local à poubelles. Associez des graminées et des plantes rampantes à racines courtes, supportant la sécheresse, ou étalez des tapis de sedums précultivés.

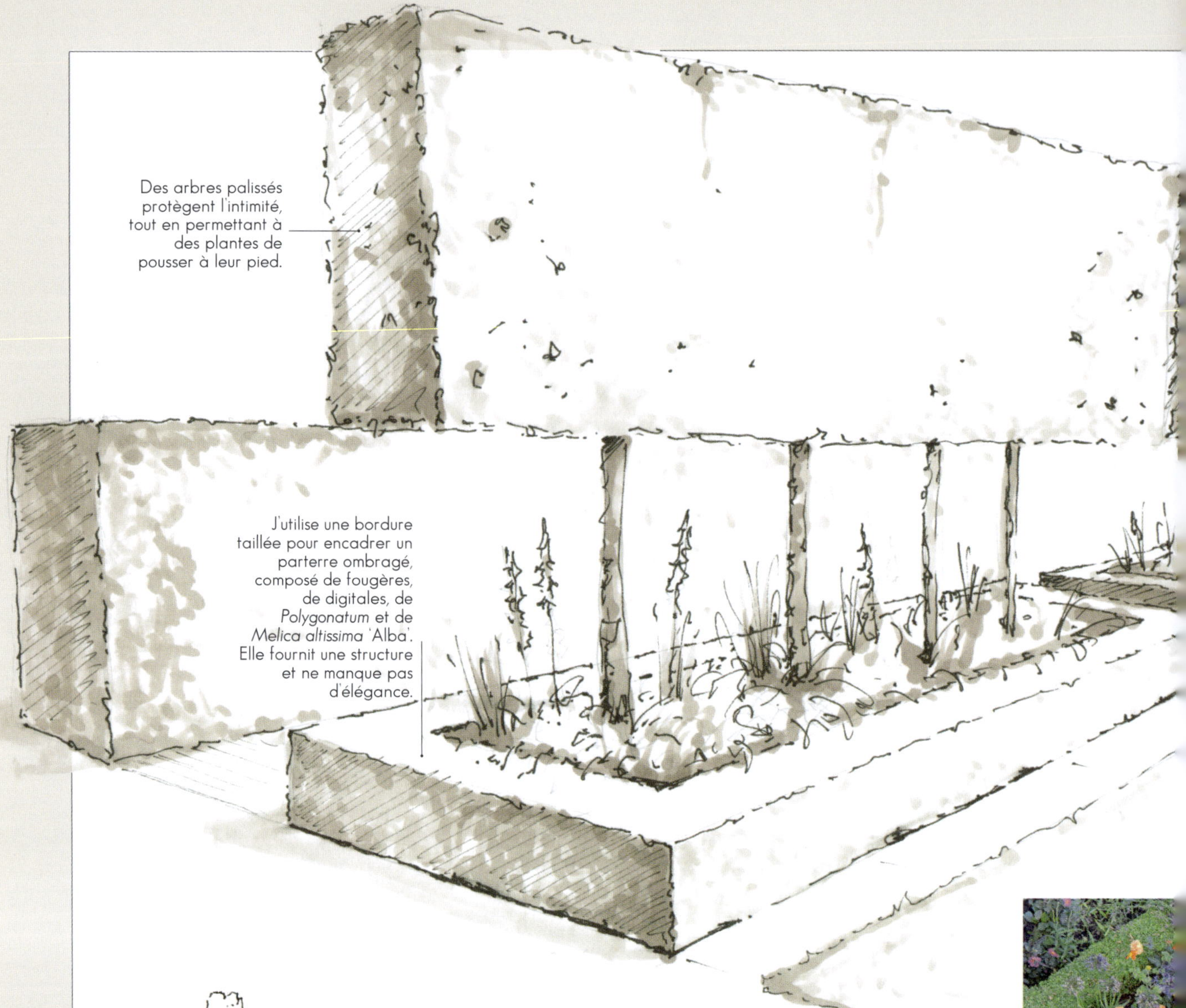

Des arbres palissés protègent l'intimité, tout en permettant à des plantes de pousser à leur pied.

J'utilise une bordure taillée pour encadrer un parterre ombragé, composé de fougères, de digitales, de *Polygonatum* et de *Melica altissima* 'Alba'. Elle fournit une structure et ne manque pas d'élégance.

Des haies de hauteurs différentes créent des niveaux qui conduisent le regard à travers le jardin, ce qui donne une meilleure perception de l'espace.

Des bordures de buis dessinant des lignes géométriques, dans le style classique, encadrent des vivaces basses, comme ces dahlias orange et ces agapanthes mauves, tandis que des pots servent de points focaux.

Créez des séparations

Les séparations sont importantes dans un jardin de bien-être. Des «pièces» fermées ou des surfaces encadrées de haies donnent quiétude, sentiment de sécurité et confort.

Une haie, pourtant fort simple, peut prendre des aspects divers, quels que soient la grandeur et le style du jardin. Les figures géométriques des haies basses, les bordures des parterres formant des motifs complexes, la structure forte et originale de certains sujets, apportent une dimension particulière. L'art des haies peut aussi rehausser un style spécifique : les topiaires complètent idéalement l'architecture d'un jardin à la française ou la sobre symétrie d'une terrasse victorienne.

Les haies créent aussi des niveaux et de la profondeur, en conduisant le regard dans l'espace ou en coupant la vue pour délimiter une autre partie du jardin. En choisissant les plantes, tenez compte de leur évolution sur l'année. Ne vous limitez pas aux persistantes : certaines espèces caduques conservent une belle structure en hiver.

Les arbres palissés constituent un bon moyen de créer un écran et de donner de la hauteur dans un jardin avec un vis-à-vis, notamment en zone urbaine. On utilise des arbres persistants ou caducs, comme ces charmes.

Le potentiel antibruit des plantes

Le bruit peut grandement affecter votre bien-être. Pour retrouver le calme et le silence, adoptez les bonnes solutions.

La pollution sonore n'est pas anodine, elle nuit à la santé physique et mentale et perturbe la faune sauvage. Une isolation phonique totale du jardin est irréalisable, mais l'intensité des bruits ambiants peut être réduite avec des plantes et une structure adaptées. Des végétaux de tailles diverses bloquent les bruits à des niveaux différents. Des sons naturels, comme le bruissement des feuilles ou le gargouillis de l'eau, distraient l'ouïe et masquent aussi le bourdonnement de la circulation ou les bruits des jardins voisins.

COMMENT INSTAURER LE CALME

Selon l'OMS, dans le classement des pollutions affectant la santé, le bruit arrive en seconde position, après les particules en suspension (voir p. 20). Il perturbe le sommeil, cause des pertes auditives, de l'hypertension et des troubles mentaux. Il a aussi un effet sur les comportements des animaux qui utilisent le son pour rechercher un partenaire, localiser leur nourriture ou détecter des prédateurs.

Si les surfaces solides réfléchissent les bruits, les plantes contribuent quant à elles à réduire la pollution sonore, de même que certaines cultures, comme les prairies. Les sons interagissent avec des plantes ou des structures par la réflexion, l'absorption, la dispersion et la diffraction (voir ci-contre). Ainsi, les troncs lisses redirigent les sons, qui rebondissent et se répandent. Les surfaces rugueuses de certaines écorces et feuilles les dispersent dans différentes directions, ce qui les amoindrit. Des surfaces molles et douces, comme l'herbe, les feuilles charnues ou les écorces poreuses, absorbent le son. Pour créer un havre de paix, entourez-le donc de plantes de hauteurs et de textures différentes.

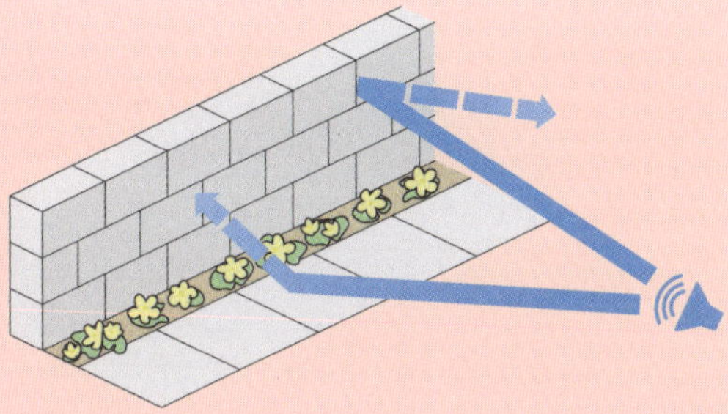

RÉFLEXION

Lorsque le son frappe une surface solide (un mur ou un dallage), il n'est pas absorbé. Les ondes sonores sont réfléchies symétriquement à l'angle d'incidence, et prennent une nouvelle direction. Toute surface dure réfléchit largement les ondes sonores. C'est pourquoi le béton ou les dallages sont relativement bruyants dans un jardin.

ABSORPTION

Quand une onde sonore rencontre une surface molle et poreuse, elle est en partie absorbée, et sa réflexion est moindre. Ainsi, la terre, l'herbe, une litière de feuilles, ainsi que les tiges, les feuilles, les branches absorbent les bruits. Les écorces rugueuses et les feuilles charnues font de même, en raison de leur surface importante, ou parfois spongieuse, et diminuent la pollution sonore.

DISPERSION

Lorsqu'un son frappe une surface très anguleuse, comme un rameau de conifère, une bonne partie de l'onde se disperse dans des directions multiples, ce qui réduit son impact. Il en va de même du gravier et d'autres surfaces solides inégales. Quant aux feuilles, qui, elles, ne sont pas rigides, elles dispersent encore davantage le son, en raison de leur vibration.

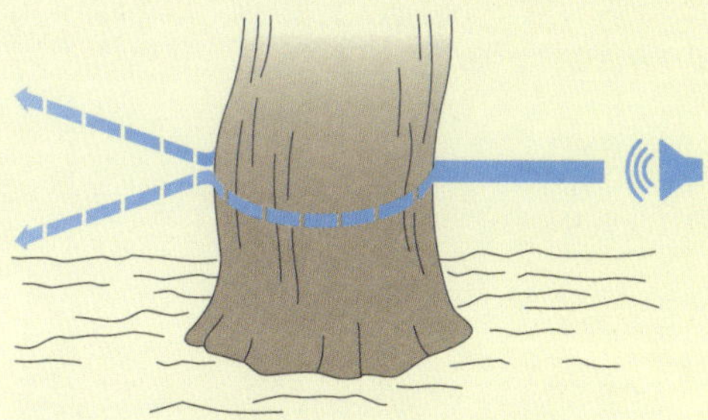

DIFFRACTION

Par la diffraction, les ondes sonores « contournent » des obstacles, par exemple un tronc d'arbre, ou s'étendent après être passées par une petite ouverture, par exemple le trou d'une haie ou l'espace entre deux plantes.

DES COUCHES DE VÉGÉTATION POUR FILTRER LE SON

Différents niveaux de plantes apportent une structure et un caractère décoratif au jardin, mais contribuent aussi à filtrer les sons. Des arbres, des arbustes et des couvre-sols, précédés d'une zone poreuse et douce, constituent une barrière contre le bruit. Dans un petit espace, un mélange d'arbustes et de plantes basses assourdit le vacarme du trafic routier.

La règle, c'est de créer une barrière de plantes assez dense pour que l'on ne puisse pas voir au travers. Les végétaux des jardins voisins peuvent aussi contribuer à faire écran. Les vents dominants amplifient les sons qu'ils portent, mais une rangée d'arbres en réduit l'intensité.

Des rangées d'**arbres et** d'**arbustes** réduisent le bruit de **6** à **9 décibels**.

Bloquer le son au niveau du sol

Les arbres et les arbustes peuvent réduire des sons aigus, comme ceux des sirènes, et d'autres graves, comme ceux des motos. Les arbres à branches basses font écran aux bruits générés près du sol, notamment ceux des automobiles. Des arbustes touffus ou des haies, sous les arbres, servent aussi à absorber et à disperser les bruits au niveau du sol.

Une grande diversité de feuilles

Les feuilles absorbent de l'énergie sonore en vibrant, et elles réfléchissent et diffractent le reste. Les grandes feuilles épaisses, à indice de surface foliaire élevé (voir p. 22), sont plus efficientes, mais il faut nuancer. Une étude sur six espèces persistantes montre que les feuilles ovoïdes sont plus performantes que les longues et étroites. Contre les basses fréquences, le cèdre de l'Himalaya, aux aiguilles étroites, s'est révélé le meilleur. Un mélange d'arbres et d'arbustes à feuilles de forme et de densité variées constitue aussi un bon tampon contre les différentes fréquences.

Mieux comprendre le son

Le son est une onde d'air en mouvement qui se comprime et se détend. À haute fréquence (une soprano poussant un contre-*mi* suraigu), le son a une longueur d'onde de 34 cm ; celle du grondement du trafic est de 3,40 m. Un bon écran antibruit doit être plus haut que la longueur de la fréquence. Ainsi, des arbustes et des feuillages bas réduisent les hautes fréquences, alors que les arbres parviennent à bloquer les fréquences moyennes.

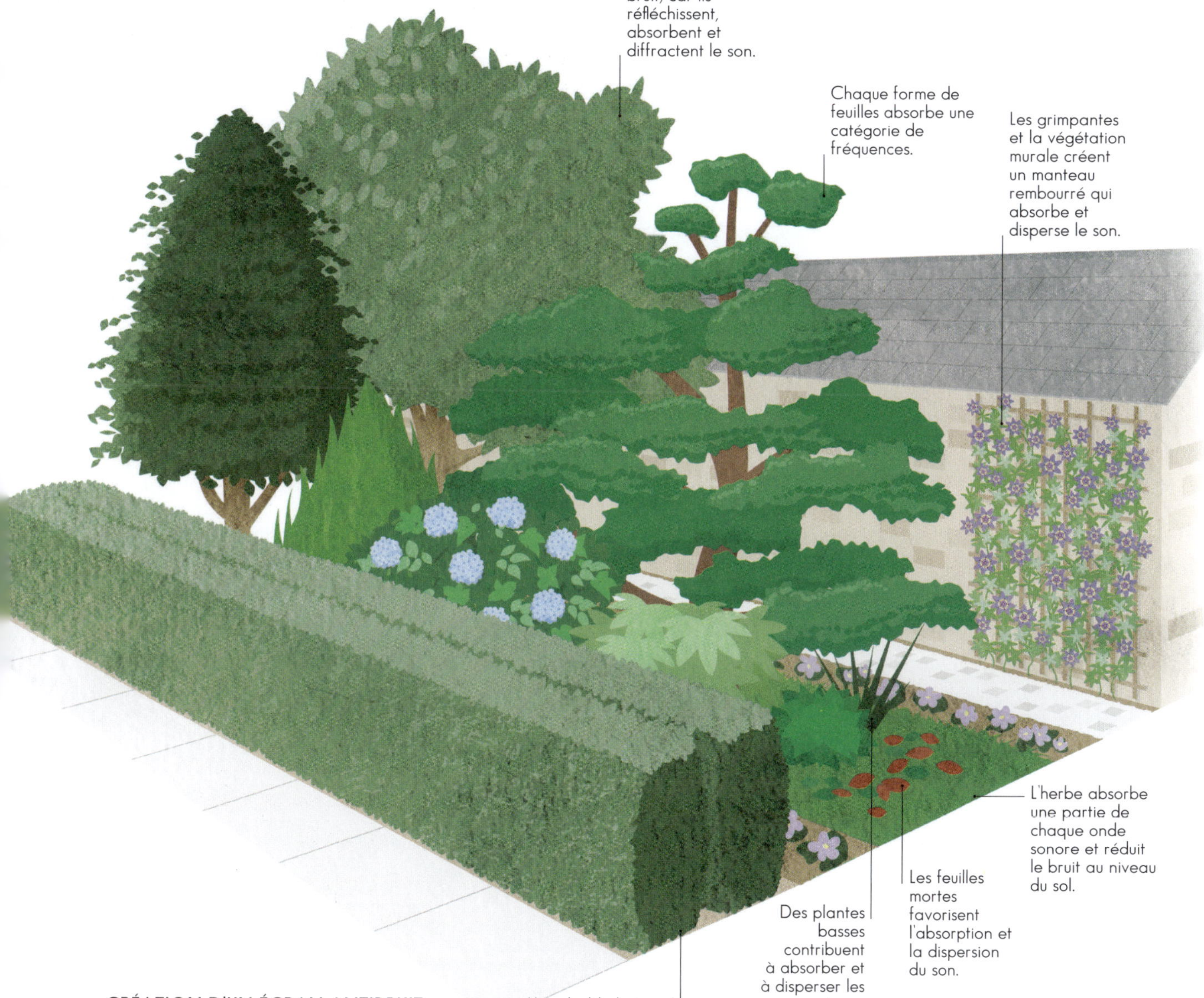

CRÉATION D'UN ÉCRAN ANTIBRUIT

Cet ensemble résume les différentes techniques de protection contre la pollution sonore, à l'aide d'un mélange d'herbacées, d'arbustes et d'arbres.

DES PLANTATIONS POUR AMORTIR LE SON

Les arbres font un bon écran antibruit. Ceux à gros tronc, branches nombreuses et feuillage dense sont les plus efficaces. Si l'espace manque, ou que vous craignez que les racines endommagent les constructions, optez pour les bacs : ils permettent de cultiver des arbres et des arbustes relativement hauts et, selon leur matériau, peuvent aussi absorber le son. Une haie, ou un groupe d'arbustes, forme également un bon écran.

Le laurier, avec son feuillage épais, est un bon candidat en haie ou en groupe isolé : persistant, il vous protège toute l'année. Les arbres denses à feuilles ovales, comme le hêtre, ou des conifères, comme le cèdre, sont aussi de bons choix.

Dense et étagé

La terre contribue à absorber le bruit au niveau du sol. Un talus constitue donc un bon écran. Pour faire de votre jardin une zone de silence, créez différents niveaux. Associez des plantes basses et hautes afin de piéger les sons de hauteurs différentes. Pour qu'ils soient plus efficaces, ces végétaux doivent être placés le plus près possible de la source sonore et plantés serrés, sans toutefois gêner leur développement.

Les grimpantes à feuillage épais peuvent absorber le bruit en hauteur et des murs densément végétalisés absorbent fort bien les sons à basse fréquence (voir p. 170).

Si vous n'avez pas de jardin, un ensemble de plantes en bac peut constituer un écran antibruit, et des grimpantes absorber les sons réfléchis par les murs.

Dans un petit espace, plantez la barrière à côté de la clôture du jardin, aussi près que possible de la source du bruit.

DES PLANTES POUR ÉCRAN ANTIBRUIT

Les plantes à grosses feuilles denses, ovales ou elliptiques absorbent bien le bruit.

PERSISTANTES

- **Photinia de Chine** (*Photinia serrulata*) absorbe bien les hautes fréquences.
- **Cèdre de l'Himalaya** (*Cedrus deodara*) absorbe parfaitement les basses fréquences.
- **Laurier du Portugal** (*Prunus lusitanica*) est un arbre ou un arbuste étalé à feuilles ovales.
- **Houx commun** (*Ilex aquifolium*) est dense, avec des branches nombreuses et de grandes feuilles.
- **Cyprès commun** (*Cupressus sempervirens*) est un conifère à feuillage dense qui absorbe bien le son.

Autres espèces à feuillage dense

If commun (*Taxus baccata*), thuja, eucalyptus, chêne vert (*Quercus ilex*).

CADUQUES

- **Hêtre commun** (*Fagus sylvatica*) a des feuilles ovales et une forme efficace pour limiter le bruit.
- **Charme commun** (*Carpinus betulus*) a de grandes feuilles robustes, qui persistent jusqu'en hiver.

Le romarin et l'agapanthe présentent une grande variété de hauteurs et de formes de feuilles qui absorbent une large gamme de fréquences sonores.

DES SONS NATURELS POUR DISTRAIRE L'ATTENTION

Certains bruits, comme le bourdonnement du trafic routier ou le ronronnement d'un appareil à air conditionné, ne sont pas vraiment dérangeants, mais plutôt agaçants. Il s'avère qu'un bruit naturel, comme un chant d'oiseau, le bruissement des feuillages, des tiges et des branches, ou le murmure cristallin de l'eau qui s'écoule ou qui tombe, peut distraire notre attention. Selon une étude suédoise, de tels bruits naturels, contrairement à ceux de la ville, aident à surmonter le stress. Les participants à une autre enquête suédoise préfèrent les espaces verts où ils entendent des chants d'oiseaux différents. Ils s'y sentent beaucoup plus au calme (voir p. 116).

Le bruit de l'eau

Le bruit du trafic routier est surtout à basse et à moyenne fréquences. Un gros volume d'eau tombant dans un espace creux génère lui aussi un bruit à basse fréquence, pouvant couvrir celui du trafic, mais il s'avère que nous ne l'apprécions guère. Nous préférons entendre des bruits d'eau à haute fréquence : ils ne masquent pas le bourdonnement du trafic, mais ils nous en distraient et sont perçus comme plus agréables.

Pour se faire bercer par le gazouillis de l'eau, qui fait oublier les bruits de la ville, il n'est pas nécessaire d'avoir beaucoup d'espace ni d'installer une grande fontaine. Un vaste bassin, ou même un couloir d'eau qui court dans le jardin, est très décoratif (voir p. 113). On peut aussi opter pour une fontaine murale, sur pied ou à suspendre. Vous pouvez installer une pompe électrique dans un tout petit bassin, pour que l'eau retombe en continu. Note : le bruit de l'eau qui tombe dans un bassin est plus agréable que celui qui s'écoule sur la pierre.

L'eau, qui gargouille sur des galets, des grosses pierres ou du métal, ou qui s'écoule régulièrement, produit des sons reposants et apaisants qui se marient au murmure des feuilles et au froufrou des herbes dans votre paisible petit paradis (voir p. 40-41).

Un couloir d'eau se déversant dans un bassin (ci-contre) produit un son reposant. Dans un petit jardin, on peut l'aménager le long d'un muret ou d'un mur de clôture.

Formant comme une paroi de verre, l'eau recrée le bruit rythmé et relaxant de la pluie frappant les vitres (ci-dessus).

Des pompes, dans un petit bassin-réservoir, créent un bouillonnement et un doux murmure apaisant (ci-dessus).

Dans un petit jardin, un mini-jet d'eau retombant sur une poterie fait entendre un ruissellement discret (ci-contre).

Des plantes qui murmurent

Outre les diverses plantations, vous pouvez utiliser le léger murmure du vent soufflant dans les arbres et les arbustes pour masquer ou faire disparaître la pollution sonore. Beaucoup d'autres espèces que les conifères bruissent et vibrent de manière envoûtante, en produisant des sons qui font oublier les bruits importuns.

Le type de son produit dépend de la vitesse du vent, de la taille, de la forme, du poids et de la rigidité des feuilles, de la grosseur et de la résistance des tiges et des pétioles, ainsi que de la distance entre les branches ou les feuilles. Les tiges souples, comme celles des graminées, bruissent en se balançant, ce qui crée un doux bruit de fond au moindre souffle. C'est aussi le cas des bambous, des stipes et des miscanthus. En automne, les feuilles sèches des plantes de haies caduques produisent aussi un bruit délassant. Les aiguilles des conifères et les petites feuilles d'arbres (bouleau, tremble) font entendre des sons discrets et aigus.

Cliquetis et claquements

En fin d'été et en automne, les plantes portant des capsules remplies de graines sèches produisent des bruits de hochet, lorsque les tiges sont balancées par la brise. Les longues feuilles rubanées ou les grandes feuilles rigides de certaines espèces font entendre des sons plus percutants, en claquant sous le vent les unes contre les autres.

NIGELLE DE DAMAS
(*Nigella damascena*)

1

4

2

5

3

DES PLANTES QUI CONTRIBUENT À MASQUER LE BRUIT

1 Petit bambou du Chili (*Chusquea culeou*) Les feuilles lancéolées de ce bambou non invasif, qui pousse en touffes, produisent des bruissements discrets sous le vent.

2 Stipe géante (*Stipa gigantea*) Cette graminée persistante, en touffes, présente des feuilles linéaires arquées qui bruissent au vent.

3 Bouleau verruqueux (*Betula pendula*) Son feuillage, très délicat, émet un doux murmure apaisant.

4 Sauge de Jérusalem (*Phlomis russeliana*) Les capsules de cette persistante produisent des cliquetis sous la brise.

5 Cordyline australe (*Cordyline australis*) Les longues feuilles en forme de sabre de ce petit arbre persistant font entendre des claquements sous le vent.

Autres options

Plantes bruissantes : bambou (*Phyllostachys flexuosa*), hêtre commun (*Fagus sylvatica*), feuillage hivernal du charme (*Carpinus betulus*), herbe à éléphant (*Miscanthus sinensis*).

Feuilles murmurantes : tilleul argenté (*Tilia tomentosa*), tremble (*Populus tremula*), saule pleureur doré (*Salix x sepulcralis var. Chrysocoma*), pin noir (*Pinus nigra*).

Capsules à cliquetis : baguenaudier (*Colutea arborescens*), bâton de Jacob (*Asphodeline lutea*), nigelle de Damas (*Nigella damascena*).

Feuilles claquantes : lin de Nouvelle-Zélande (*Phormium tenax*), palmier de Chine (*Trachycarpus fortunei*).

Si vous cherchez un petit arbre qui bruisse sous le vent, optez pour le pin mugo, dont les aiguilles rigides émettent un cliquetis rythmé très pittoresque.

La mise en scène du son

Des touffes de cheveux d'ange sont associées à l'agapanthe blanc et à *Nepeta racemosa* 'Six Hills Giant'.

Le jardin stimule naturellement les sens. Les sons peuvent être délicieusement envoûtants et apaisants, toniques pour l'esprit ou relaxants pour le corps. Plantez des arbres ou des graminées au vent, afin qu'ils émettent des bruits reposants, des murmures et des froufrous. Cultivez les graminées en touffes ou en grands massifs, pour mettre en valeur leur gracieux balancement et pour donner de la hauteur et de la profondeur à la scène. Elles s'associent aux vivaces produisant des capsules de graines en fin d'été, aux jolis bruits de hochet.

Toutefois, les plantes ne sont pas les seules à produire des bruits agréables. Encouragez les oiseaux à vous visiter, avec des nichoirs et des mangeoires, afin de profiter de leurs chants mélodieux, et installez une petite fontaine pour son frais babil.

Des graminées ornementales, comme l'herbe aux écouvillons et la canche cespiteuse, apportent beaucoup de mouvement à un massif, quand elles sont balancées par le vent. Associées à des vivaces à fleurs, elles ajoutent de la hauteur et de la profondeur à la scène.

Les infrutescences (bouquets de graines) de plantes vivaces, comme ici de l'ail d'ornement, produisent de petits bruits secs, quand elles sont agitées par le vent. Elles sont particulièrement décoratives en hiver, quand elles sont délicatement étoilées de givre.

Un jardin faiblement allergène

Avec des plantes bien choisies, votre jardin reste accueillant toute l'année, même pour ceux qui sont allergiques.

Dans un jardin, le pollen des végétaux ne s'élimine pas naturellement. Ce n'est d'ailleurs pas souhaitable puisqu'il est bénéfique aux abeilles et aux autres insectes pollinisateurs. Cependant, il existe certaines plantes qui captent ces grains en suspension. De plus, il y en a d'autres qui en produisent très peu. Il est donc possible de créer un jardin qui demeure toute l'année accessible aux personnes allergiques.

POLLEN ET ALLERGIES

Comme le savent bien les personnes sujettes au rhume des foins, toutes les plantes ne sont pas bénéfiques. Pour les 10 à 30 % d'adultes et 40 % d'enfants qui souffrent de ce type d'allergie, sortir en saison pollinique est loin d'être une partie de plaisir.

Le pollen, produit par les organes reproducteurs mâles d'une plante, est transféré par le vent, l'eau, les insectes ou d'autres animaux aux stigmates, les organes femelles de la fleur, pour la pollinisation. Après sa fécondation, la plante produit des graines.

Problème sexuel

Les fleurs parfaites, comme celles de la digitale, du lis et de la rose, possèdent des organes mâles et femelles. Les espèces monoïques, comme le noisetier et le bouleau, ont des fleurs mâles et femelles sur la même plante, alors que chez les espèces dioïques, tels le houx, le genévrier et certaines graminées, les fleurs mâles et femelles se trouvent sur des sujets séparés. Les plantes dioïques mâles produisent du pollen, les femelles, des fruits et des graines.

Certaines plantes produisent peu de pollen (voir ci-contre), et les sujets stériles, sans fleurs mâles ni femelles, pas du tout. Pour créer un jardin faiblement allergène, on choisira donc des espèces dioïques, stériles ou peu productrices de pollen.

Le noisetier, pollinisé par le vent, produit des chatons chargés de pollen, au début du printemps.

Elles sèment à tout vent

Pour réussir à se reproduire et à survivre, les plantes, pollinisées par le vent et par l'eau, produisent souvent de grandes quantités de pollen. Mais celles qui sont pollinisées par les insectes et d'autres animaux en libèrent moins. Toutefois, dans ce dernier groupe, il y a tout de même des disparités.

En France, le Réseau national de surveillance aérobiologique (RNSA) classe les végétaux pour leur potentiel allergisant en trois catégories : faible ou négligeable, modéré, fort. Il donne aussi le risque allergique (évalué de 0 à 5) en temps réel par département. Parmi les arbres à potentiel fort, citons le bouleau, le charme, le frêne, l'olivier, l'aulne et le platane.

Les fleurs tubulaires, comme celles de la digitale, ont un faible potentiel allergénique : le pollen reste dans la fleur jusqu'à ce que les insectes le dispersent.

Pollen et allergies

Les allergies respiratoires sont souvent plus sévères dans un environnement urbain. Le pollen se maintient en effet plus facilement dans l'atmosphère grâce aux surfaces dures, et il est plus allergène quand il réagit avec la pollution. Mais les espaces verts en captent et en absorbent une partie.

CRÉATION D'UN REFUGE POUR PERSONNES ALLERGIQUES

Les allergies ne doivent pas vous empêcher de profiter du jardin. En respectant quelques règles, vous créerez un espace à faible taux de pollen qui vous évitera les problèmes.

Cueillez les fleurs

Les jolies fleurs vives, comme la pivoine, la violette et la pensée, libèrent peu de pollen. Avec celles qui attirent les abeilles et autres pollinisateurs, comme le penstemon et le muflier, ce sont les plus indiquées pour éviter le rhume des foins. Retenez aussi les plantes à fleurs doubles : elles fournissent peu de nourriture aux pollinisateurs, mais certaines, comme le rosier grimpant, permettent à la faune de nicher et de s'abriter.

Les plantes à fleurs tubulaires, ou en capuchon, comme la digitale et l'agapanthe, ont un faible potentiel allergénique. Mais les graminées d'ornement, les marguerites à fleurs simples et les chrysanthèmes sont à éviter. Si vous aimez les graminées, choisissez des sujets femelles ou à feuilles rubanées des genres *Libertia* ou *Phormium*, pollinisés par les insectes et peu allergènes.

Les espèces très parfumées, comme la glycine et le jasmin, peuvent déclencher des symptômes quand on les respire. À éviter.

Oubliez les pelouses

Les pelouses sont bénéfiques pour la faune sauvage, mais peu recommandables pour les allergiques. Optez donc pour d'autres couvre-sols (voir p. 178), un plancher ou du gravier. Et comme les surfaces dures contribuent à maintenir le pollen dans l'atmosphère, préférez-leur des végétaux. Ainsi, bordez un pavage de touffes de thym rampant, qui captent le pollen. Et si vous tenez à la pelouse, tondez-la souvent pour éviter la floraison des graminées.

Le choix d'une haie

Il est impossible d'éradiquer complètement le pollen du jardin, mais vous pouvez favoriser son évacuation vers l'extérieur avec des clôtures perméables, comme les treillages. Une haie à faible potentiel allergénique, du côté des vents dominants, permet de le piéger avant qu'il ne pénètre chez vous. Mais constituez-la d'arbustes à fleurs, et non à chatons, et à feuilles écailleuses ou duveteuses, qui captent le pollen et les particules en suspension (voir p. 21) : aubépine, *Pittosporum*, *Choisya*, *Escallonia*. Privilégiez les sujets femelles des espèces dioïques, comme le houx à baies rouges, très décoratif, au troène, à fort potentiel allergisant

Quels arbres ?

Beaucoup d'arbres, comme le bouleau, le noisetier et le genévrier, sont pollinisés par le vent. Évitez-les ! Préférez des espèces à fleurs, comme le pommier, le cerisier et le sorbier, qui diffusent peu de pollen et qui sont adaptées aux jardins petits et moyens.

1

2

3

4

5

6

PLANTES PEU ALLERGÈNES

Ces espèces ont un potentiel allergisant de négligeable à faible et doivent être privilégiées si l'on est allergique.

1 Muflier (*Antirrhinum*) à fleurs bilabiées de couleurs très variées. Potentiel allergisant : négligeable.

2 Houx panaché blanc femelle (*Ilex aquifolium* 'Argentea Marginata') à baies rouges en automne. Potentiel allergisant : négligeable.

3 Alisier blanc (*Sorbus aria*) à feuilles caduques, portant des bouquets de fleurs blanches au printemps et des baies rouges en début d'automne. Potentiel allergisant : faible.

4 Clématite d'Armand (*Clematis armandii*) à fleurs blanc crème, étoilées et parfumées au printemps. Potentiel allergisant : faible.

5 Œillet (*Dianthus*) produisant des groupes de fleurs en coupe, de couleurs variées et parfumées. Potentiel allergisant : faible.

6 Agapanthe (*Agapanthus*) portant en été des têtes sphériques de fleurs en entonnoir, bleues ou blanches. Potentiel allergisant : très faible.

Selon une étude américaine, le **pollen porté par le vent** peut parcourir plus de **1 600 km** en **36 heures**.

UN JARDIN FAIBLEMENT ALLERGÈNE
Pour l'université du Worcester, Olivia Kirk, paysagiste britannique, a créé ce jardin aux masses de feuillages verts et rouges, associés à des fleurs colorées et peu allergènes, dont l'iris, la pivoine et l'astrance.

Gérez les parasites par des moyens naturels

La biodiversité vous permet de protéger votre jardin des parasites sans pesticides ni produits toxiques.

Dans la nature, la chaîne alimentaire limite les populations de parasites des plantes. Retenez donc une large diversité de plantes robustes qui favorisent la faune sauvage et des variétés résistantes aux maladies. Optez pour les bonnes associations contre les parasites, tout en attirant les prédateurs de ces nuisibles par différents moyens, notamment en construisant un hôtel à insectes, en créant une mare vivante ou en introduisant des organismes (des nématodes) qui aident à combattre les ravageurs.

UNE LUTTE INTÉGRÉE

Mieux vaut prévenir que guérir ! Vérifiez les plants que vous achetez (de préférence chez un producteur), et entretenez-les bien pour qu'ils résistent aux parasites. Une bonne hygiène, notamment la désinfection des outils de jardin, réduit aussi les risques.

Jusqu'à récemment, pour éliminer les parasites, on s'en remettait presque toujours aux pesticides. Mais ces produits ont un effet négatif sur les mycorhizes, champignons essentiels pour la vie du sol (voir p. 134-135). Ainsi, le métaldéhyde, utilisé autrefois contre les limaces, est toxique pour la faune sauvage et les animaux domestiques. Il est interdit en France. Les pesticides peuvent aussi polluer les sources. Des

En France, en 2013, une étude a prouvé la **présence de pesticides** dans **92 % des cours d'eau**.

En France, les **cultivateurs** et les **particuliers** emploient chaque **année** plus de **65 000 tonnes de pesticides**.

Les **invertébrés** détectent des quantités de **phéromones** de l'ordre du nanogramme **(1 nanogramme = 0,000 000 001 g)**. C'est pourquoi les **pièges à phéromones** sont un bon moyen de les contrôler.

professionnels ont adopté la lutte intégrée, afin de les limiter à un niveau acceptable sans toutefois les supprimer tout à fait. Vous pouvez les imiter.

Des plantes variées et robustes

Une grande diversité végétale attire une faune nombreuse et évite aux plantes de succomber en série à une maladie ou à des parasites. Si vous êtes confronté à des infections virales, fongiques ou bactériennes (voir ci-contre), optez pour les variétés les plus résistantes des espèces concernées. Au potager, pratiquez la rotation des cultures, car les parasites reviennent volontiers à l'endroit où une espèce qu'ils affectionnent a été cultivée l'année précédente.

Examinez vos plantes régulièrement pour détecter d'éventuels ravageurs, et éliminez-les rapidement.

Attirez les prédateurs

Beaucoup de parasites ont des prédateurs naturels (voir p. 54-55). Pour les attirer, créez les bonnes conditions en leur fournissant un habitat et une source d'eau (voir p. 56-57). En cas d'attaque massive, cherchez la présence de ses prédateurs dans le jardin, car ils pourraient en éliminer beaucoup. Si le problème persiste, les parasites sont sans doute trop nombreux. Contre certains d'entre eux, comme le carpocapse du pommier, vous pouvez utiliser des pièges à phéromones, substances chimiques que les insectes et d'autres animaux utilisent pour communiquer. Attention, ce piège attire une seule espèce de parasite.

En dernier recours

Si l'attaque perdure et que vos plantes subissent des dégâts, tournez-vous vers les produits bio à base d'éléments naturels, notamment de savon noir et d'huile, qui étouffent les parasites. Ils sont moins néfastes pour l'environnement, mais sont tout de même toxiques pour certains organismes utiles. Il convient donc d'avoir la main légère.

Des plantes résistantes aux maladies

Des plantes robustes, bien adaptées au milieu, sont toujours moins sensibles aux maladies. Il existe aussi des variétés créées pour résister à tel ou tel problème : informez-vous auprès des jardineries. C'est ainsi que certains rosiers sont peu touchés par les taches noires ou par l'oïdium, comme 'The Lady Gardener', un rosier anglais de David Austin. Vous pouvez aussi cultiver, au lieu d'espèces sensibles, des végétaux qui leur ressemblent mais qui se montrent plus résistants. Par exemple, le houx crénelé, très robuste, peut remplacer le buis, décimé par le dépérissement.

DES PLANTES PROTECTRICES

Pour que certains végétaux en protègent d'autres, il existe deux méthodes principales : le compagnonnage et les plantes pièges. Dans le premier cas, on associe deux espèces, dont l'une évite à l'autre, celle que l'on souhaite sauvegarder, les attaques de parasites en les repoussant ou en les dissuadant. L'efficacité des plantes compagnes n'est pas réellement prouvée scientifiquement (sauf dans le cas de l'œillet d'Inde qui éloigne l'anguillule des racines), mais beaucoup de jardiniers y croient. En tout cas, une plus grande diversité végétale diminue le risque parasitaire.

Les végétaux pourraient jouer un rôle dissuasif de plusieurs manières. Certains insectes fuiraient l'odeur d'une plante compagne, par exemple l'ail et ses huiles volatiles. D'autres végétaux, comme l'œillet d'Inde, masqueraient l'odeur de la plante cible, ou la camoufleraient visuellement.

Quant à la plante piège, elle attire les mêmes parasites que celle que l'on veut défendre, mais avec plus de force. Et quand elle est largement envahie, on la détruit.

Pour lutter sainement contre les parasites, on utilise aussi des barrières physiques, dont des filets, efficaces contre la mouche de la carotte. Mais il est douteux que les paillis, les coquilles d'œuf et le gravier horticole évitent les parasites. La RHS a mené des recherches qui montrent que des barrières physiques, comme l'écorce de pin ou les bandes de cuivre, ne protègent nullement les salades des limaces et des escargots.

Les plantes pièges sont placées pour que les parasites les atteignent plus facilement que l'espèce qu'elles protègent. La culture en pot et en massif surélevé facilite la lutte contre les escargots et les limaces.

BONNES COMPAGNES

Les associations les plus fréquentes de plantes faciles à cultiver.

1 Tournesols (*Helianthus annus*) : ils constituent une barrière autour des cultures, les protégeant des parasites.

2 Grandes capucines (*Tropaeolum majus*) : elles attirent fortement les pucerons, dont le puceron noir, qui délaissent du même coup les légumes cultivés à côté.

3 Œillet d'Inde (*Tagetes*) : il est souvent planté près des espèces potagères, car il a la réputation de repousser la mouche blanche, l'anguillule des racines et la mouche de la carotte et d'attirer les papillons par son parfum.

4 Ciboulette (*Allium schoenoprasum*) : elle est souvent utilisée comme plante compagne pour détourner les pucerons des espèces ornementales.

SACHEZ SÉDUIRE LES PRÉDATEURS DES PARASITES

La manière la plus écologique de contenir les populations de parasites est de favoriser leurs prédateurs naturels. Beaucoup d'entre eux visitent nos jardins : oiseaux, mammifères (dont le hérisson) et amphibiens (grenouilles et crapauds). Si vous avez la place, créez une mare, qui se révélera un véritable aimant pour la faune sauvage, notamment pour les amphibiens (voir p. 56-57).

De nombreux invertébrés, un vaste groupe qui comprend les insectes, les araignées et les vers, sont également présents dans nos jardins et sont souvent eux aussi des prédateurs de parasites très utiles. Référez-vous au tableau ci-contre pour trouver la réponse à votre problème spécifique et créer les habitats adéquats : bordures denses, hôtels à insectes, compost, tas de bois. Attirez aussi les prédateurs en fournissant à chaque espèce sa nourriture préférée, par exemple des fleurs riches en pollen pour les syrphes, dont les larves mangent les pucerons.

Chaque jour, **une coccinelle** peut dévorer environ **50 pucerons.**

Des prédateurs par la poste

Le moyen le plus rapide d'introduire des prédateurs dans votre jardin consiste peut-être à les acheter. En jardinerie ou sur Internet, vous trouverez des nématodes - vers microscopiques vivant dans le sol. Il suffit de les mettre dans l'eau, puis d'en arroser le pied des plantes. Ces nématodes détectent leurs cibles qui peuvent être des limaces, des charançons, des larves de tipules ou des fourmis. Ils les pénètrent et diffusent des bactéries qui vont être fatales à leurs hôtes. Ils se reproduisent ensuite dans leur cadavre, devenu une véritable soupe de bactéries. Dans de bonnes conditions, les nématodes se multiplient sans devenir un problème. Leurs populations se régulent en effet naturellement quand leurs proies se raréfient. Vous pouvez aussi acheter des guêpes parasitoïdes et d'autres insectes auxiliaires, prédateurs de pucerons, de mouches blanches, de thrips et de divers parasites.

ATTIREZ LES PRÉDATEURS NATURELS DES INSECTES PARASITES

Ce tableau indique les prédateurs de quelques-uns des insectes parasites du jardin, ce qui vous aidera à créer des habitats susceptibles de les attirer.

SI VOUS AVEZ CES PARASITES	IL VOUS FAUT CES PRÉDATEURS	CRÉEZ CET HABITAT POUR PRÉDATEURS
 Charançons, Jeunes limaces et escargots	 Centipèdes	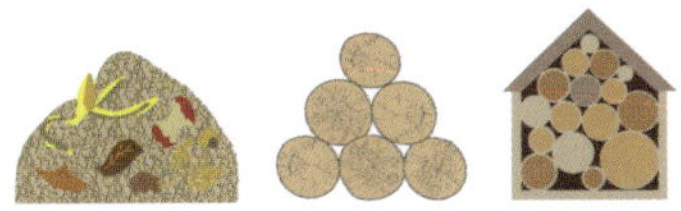 Tas de compost, Tas de bois, Hôtel à insectes
 Larves de tipules, Otiorhynques de la vigne	 Carabes	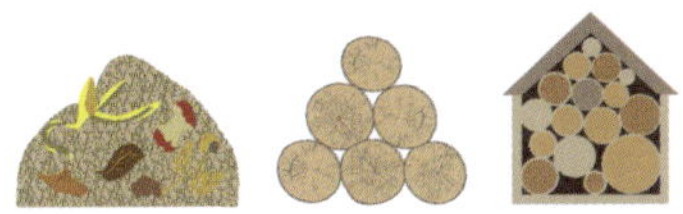 Tas de compost, Tas de bois, Hôtel à insectes
 Araignées rouges, Cochenilles, Thrips, Mouches blanches, Pucerons, Cochenilles farineuses	 Chrysopes	 Hôtel à insectes, Litière de feuilles
 Pucerons	 Coccinelles	 Hôtel à insectes, Feuillage, Litière de feuilles
 Pucerons	 Mouches et syrphes	 Plantes riches en pollen

INVITEZ CHEZ VOUS LA FAUNE SAUVAGE

Une mare vivante attire une faune qui contribue à lutter contre les parasites, et notamment des prédateurs invertébrés et des plus gros qui vivent dans le jardin, ou le visitent : oiseaux (qui mangent des insectes et en nourrissent leurs juvéniles), mammifères (dont le hérisson), amphibiens (crapauds et grenouilles) et reptiles (orvets).

Beaucoup de prédateurs (grenouilles, crapauds, tritons, demoiselles, libellules) ont besoin d'eau pour se reproduire. Une mare est aussi visitée par les oiseaux et les chauves-souris insectivores, et par les hérissons qui dévorent les limaces cachées dans les plantes des rives. Si la mare est nouvelle, il n'est pas nécessaire d'y introduire des animaux. La faune apparaît d'elle-même, en général d'abord les demoiselles, les libellules, les araignées d'eau et les corises. N'introduisez pas de poissons : ils dévoreraient la petite faune et les larves.

Petite ou grande !

Quelle que soit sa taille, une mare attire la faune sauvage. Il suffit que la profondeur soit au moins de 20 à 30 cm et que l'eau soit oxygénée par des plantes immergées (voir ci-contre). Si vous utilisez une coque, celle-ci peut être soit enterrée, soit posée sur le sol. Mais vous pouvez aussi creuser et étaler une bâche spécialement conçue à cette fin. Lorsque c'est possible, remplissez la mare d'eau de pluie. Lorsque la mare est assez grande, aménagez une « plage », ou une pente douce, pour permettre à la faune d'y accéder plus facilement. Si sa profondeur est supérieure à 60 cm, la mare pourra servir d'abri aux grenouilles, aux crapauds et aux tritons pendant les périodes de gel sévère.

Dotez la mare de tout ce qui peut favoriser la faune sauvage : plantes oxygénantes, galets, rochers, plantes de rive servant de refuge et une pente douce permet l'accès.

UN PÔLE D'ATTRACTION

Une mare bien conçue est précieuse pour réguler les populations de parasites du jardin, car elle fournit de l'eau et un habitat à une armée de prédateurs.

INDISPENSABLES À LA MARE !

Pour qu'une mare attire une foule nombreuse, il lui faut :

1 Des **plantes oxygénantes**, comme la renoncule d'eau (*Ranunculus aquatilis*) et la fontinale commune (*Fontinalis antipyretica*).

2 Des **plantes de rives**, comme le populage des marais (*Caltha palustris*) et la véronique des ruisseaux (*Veronica beccabunga*), qui servent de refuge à bien des espèces.

3 Des **plantes flottantes**, comme la morène (*Hydrocharis morsus-ranae*) et, pour les grandes mares, le grand nénuphar (*Nymphaea alba*), où des animaux peuvent se poser.

4 Des **galets et rochers**, ainsi qu'une bûche ou une branche pourrissante, qui serviront de repaire à des animaux, comme les tritons.

5 Une **pente douce ou rive basse**, pour permettre l'accès des animaux.

QUELS VISITEURS ESPÉRER ?

Une mare attire une grande variété d'animaux :

6 Les **grenouilles dévorent** les limaces, les escargots, les vers et les insectes. Prévoyez-leur un abri près de la mare, car leur peau se dessèche sous le soleil ou sous un vent fort.

7 Les **crapauds mangent** les limaces, les araignées et les insectes. Il leur faut une eau plus profonde que les grenouilles pour pondre, mais ils supportent un peu mieux la sécheresse.

8 Les **chauves-souris** de France sont toutes insectivores. La pipistrelle, l'espèce la plus fréquente dans les jardins, peut dévorer jusqu'à 3 000 insectes en une seule nuit.

9 **Beaucoup d'oiseaux** prélèvent de grosses quantités d'insectes pour nourrir leurs petits, surtout au printemps, avant la formation des fruits et des graines.

10 Les **hérissons mangent** les limaces, les coléoptères, les chenilles, les perce-oreilles et les mille-pattes. Il leur faut un lieu pour s'abriter et de l'espace pour évoluer.

11 Les **tritons mangent** les limaces et des insectes. Pour pondre, ils ont besoin de plantes immergées à feuilles étroites.

UN REFUGE POUR LA FAUNE

Pour attirer beaucoup de prédateurs, créez une mare à l'aspect naturel, avec une rive basse donnant toute possibilité d'accès aux oiseaux et aux amphibiens. Garnissez le bord de plantes des lieux humides, qui fourniront des abris à la faune sauvage.

Le jardin guérisseur

Introduction

Votre jardin peut vous guérir, diminuer le stress et la douleur, requinquer l'esprit, améliorer l'immunité et représenter un lieu de paix et de contemplation.

Un grand nombre d'études scientifiques montrent qu'un séjour, même court, dans la nature est vital pour la santé, et qu'il favorise le bien-être à la fois physique et mental. Le jardinage est très indiqué pour conforter l'estime de soi et pour tisser des liens, et la nature, par ses éléments répétitifs, nous fascine, nous relaxe et nous réamorce mentalement. Les plantes parfumées ont souvent des vertus thérapeutiques et les couleurs des végétaux affectent nos émotions. Apprenez à maîtriser ces aspects pour créer un jardin ayant lui-même une vertu curative et thérapeutique. La contemplation et le bruit de l'eau ont un pouvoir calmant et apaisant, et un bassin, ou une mare, présente l'avantage d'attirer les oiseaux qui nous font la grâce de nous bercer de leurs chants. Mais votre jardin peut aussi vous guérir de bien d'autres façons. Quand vous l'entretenez, vous renforcez votre système immunitaire en vous exposant aux microbes bénéfiques du sol. Des études montrent également qu'une activité en plein air, comme le jardinage, est non seulement un excellent exercice physique, mais qu'elle peut aussi ralentir le processus de vieillissement.

En forme avec la vitamine G

L'environnement urbain affecte souvent négativement notre santé mentale et physique. Mais la vitamine G peut être un antidote.

Diverses études montrent que l'immersion dans la nature ou sa contemplation est bonne pour la santé mentale et physique. À tel point que des chercheurs l'ont assimilée à une vitamine - la vitamine G, pour *green*, ou vitamine verte -, dont notre corps a quotidiennement besoin. Le jardinage ou la marche dans la nature seraient très bénéfiques contre certains troubles, comme l'hypertension et la dépression.

NÉFASTE MANQUE DE VERDURE

On assiste à un recul à la fois de la nature sauvage et des espaces verts urbains. Évidemment, ce n'est pas bon pour notre espèce. De même que la disparition des habitats menace la survie d'autres animaux, la déconnexion de l'être humain d'avec la nature favorise la dépression, l'anxiété, les maladies de cœur, l'obésité, la faiblesse immunitaire et certains types de cancers.

Selon une étude de l'**Unicef** de 2016 pour les pays de l'OCDE, les **enfants** passent aujourd'hui **dix fois moins** de temps à l'**extérieur** qu'il y a 30 ans. Et ceux des **populations les plus démunies** ont beaucoup moins d'accès à la nature que les autres.

Les dangers de la déconnexion

De nombreuses études ont corrélé les problèmes de santé au manque de proximité avec la nature. On parle de « trouble du déficit de nature ». Ainsi, celles menées en Allemagne et aux Pays-Bas, dans les années 2010, montrent que passer l'essentiel de son temps entouré d'immeubles ou chez soi affecte négativement notre bien-être physique et mental. Une enquête néerlandaise, portant sur 340 000 personnes, a révélé

Les études montrent qu'un **défaut d'exposition** aux espaces verts **accroît** le taux de **troubles de l'attention** et de **l'humeur**, comme le trouble de déficit de l'attention (TDA) chez les enfants.

Une étude menée sur des **Japonais** âgés de **74 ans et plus** montre que l'**accès à des espaces verts** et à des sentiers de promenade **accroît** significativement **l'espérance de vie**. Elle a été confirmée par une autre, britannique, concernant les personnes âgées.

que, pour celles qui ont facilement accès à la nature, les risques de dépression sont inférieurs de 33 % et ceux de troubles d'anxiété de 44 % par rapport aux sujets qui vivent à bonne distance d'un espace vert. Selon des chercheurs, dans les zones urbaines défavorisées, le manque de verdure pourrait contribuer au taux élevé de troubles mentaux et physiques.

Face à cette accumulation de preuves, des scientifiques et des associations militent pour un changement.

Objectif vert !

Si la vie dans les zones « grises » nuit à la santé, l'exposition à la nature est bénéfique. Selon une étude de 1991, elle diminue le stress, l'anxiété et l'hypertension, améliore l'humeur et ralentit le rythme cardiaque. Une autre montre qu'elle régénère mentalement et favorise la concentration. Partout, des chercheurs insistent sur le pouvoir de la vitamine G.

Les professionnels de santé ont un nouveau précepte : « Le vert est bon pour la santé ! » Dans différents pays, dont la France, des thérapeutes proposent des projets d'horticulture contre divers troubles physiques et mentaux, dont l'anxiété et le stress post-traumatique. Chez certains groupes, notamment de jeunes délinquants, on constate une amélioration du sentiment d'estime de soi et d'intégration. Dans l'industrie, la fidélisation du personnel et la productivité s'améliorent s'il y a des plantes d'intérieur, ou des espaces verts, sur le lieu de travail. Et vous, comment allez-vous profiter de la vitamine G ?

Selon des chercheurs, une **augmentation de 10 % de l'exposition aux espaces verts** se traduit par une amélioration de la **santé** équivalente à **cinq années de rajeunissement**.

Une étude menée sur des patients hospitalisés confirme les **effets thérapeutiques de la nature**. Ceux disposant d'une fenêtre ouvrant sur un **paysage naturel** guérissent plus vite et ont besoin de **moins d'analgésiques**.

AYEZ VOTRE DOSE DE VITAMINE G

Avec la vitamine G, pas de risque d'overdose ! Les enquêtes montrent que plus vous en avez, mieux c'est ! Et selon une étude publiée en 2019, 2 heures hebdomadaires d'exposition à la verdure sont déjà bénéfiques. Considérez votre espace vert comme un espace thérapeutique, qu'il s'agisse d'un parc, d'un bois, de votre jardin ou d'un balcon fleuri.

Dose quotidienne

Pour augmenter votre taux de vitamine G, il n'est pas besoin de sortir ni d'avoir un jardin. Il suffit de regarder la nature par la fenêtre. Contempler un paysage durant 5 minutes peut déjà soulager les symptômes de stress et d'anxiété, diminuer la tension artérielle et ralentir le rythme cardiaque. Mieux vaut donc avoir un logement avec vue sur la verdure. Et trouvez un prétexte pour aller chaque jour dans un espace vert, même brièvement. Intégrez la nature dans votre quotidien en vous obligeant à traverser un parc sur votre trajet habituel, en toute saison, même en hiver, car le vert conserve ses vertus par temps froid.

Mais pour absorber de grosses doses de vitamine G, immergez-vous un jour entier dans la nature. Bien des études montrent que la marche en forêt est bénéfique pour la santé mentale et physique, diminue l'anxiété, la fatigue et la dépression, et revitalise.

Des études montrent qu'un des **bénéfices majeurs** du contact avec la **nature** est la **réduction** du niveau de **stress.**

Check-list

Gonflez votre taux de vitamine G en vous exposant le plus souvent possible à la nature.

À L'INTÉRIEUR

- Organisez votre logement pour que les pièces où vous travaillez, comme le bureau et la cuisine, et où vous vous relaxez s'ouvrent sur la verdure.
- Installez des jardinières aux fenêtres suffisamment ensoleillées, pour cultiver des fleurs et des aromatiques.
- Faites entrer chez vous l'extérieur avec des plantes d'intérieur.

À L'EXTÉRIEUR

- Si vous avez un jardin ou un balcon, cultivez des plantes en bac et disposez des sièges dans un endroit abrité, pour en profiter toute l'année.
- Prenez vos repas au jardin ou sur votre balcon, ou pique-niquez dans les parcs.
- Promenez-vous dans votre jardin et jardinez : c'est un bon moyen de combiner l'exercice avec une dose de vitamine G.
- Si c'est possible, passez par un parc pour aller au travail, à l'école ou faire des courses.
- Promenez-vous ou faites du vélo à la campagne.

Profitez de toutes les occasions !
Pour gonfler votre dose de vitamine G, ménagez-vous des vues sur la nature (en haut à gauche), faites-la entrer chez vous (en haut à droite), profitez de votre jardin (en bas à gauche) et promenez-vous dans les parcs (en bas à droite).

Le saule pleureur est l'arbre idéal pour abriter un espace de repos. Ses branches retombantes forment un rideau d'intimité.

Entourez l'espace de repos de végétation, pour en faire un lieu caché et secret.

De grandes graminées, comme les *Molinia* et les *Miscanthus* (à gauche), se voient de loin, quand on passe dans le jardin, et forment en même temps un écran léger et translucide quand on est assis. Elles séparent différentes zones avec discrétion et ont un effet relaxant, en se balançant sous la brise.

Par MATT KEIGHTLEY

Aménagez un nid bien caché

Un espace de repos caché ou à demi caché est un endroit apaisant pour ceux qui souffrent d'anxiété. Cependant, nous avons tous besoin de passer du temps avec nous-mêmes, d'oublier notre vie agitée, pour nous relaxer et nous livrer à la réflexion et à la contemplation.

La difficulté est de créer un lieu calme et privé, sans le couper complètement du reste du jardin. Pour clore ou encadrer en partie ce havre de paix, utilisez des haies, des arbres, des plantes et des matériaux de clôture. Des arbres apportent de la hauteur et délimitent des vues sur le jardin, alors que des plantes à mi-hauteur forment des écrans discrets, préservant l'intimité du lieu.

Placez le lieu de repos près de la bordure, et non au milieu de l'espace. Une haie, ou un mur, donne un sentiment de sécurité. Ici, un écran de *Calamagrostis* x *acutiflora* 'Karl Foerster' et d'agapanthes ajoute à l'intimité.

Un arbre à ramure assez haut placée donne de l'ombre, sans boucher la vue sur le jardin.

Votre jardin vous aide à faire redémarrer votre cerveau

Une connexion avec la nature est vitale pour la santé mentale, et un jardin, même petit, vous aide à surmonter le stress.

Nous sommes liés à la nature. Malgré Internet, les infos en continu et notre vie trépidante, notre cerveau, à un niveau primitif, reste ancré dans le monde naturel. Selon des chercheurs, l'instinct nous dit que la nature offre des « récompenses » : nourriture, eau et abri. Si le jardin relaxe, ce serait parce qu'on l'associe à la restauration, et qu'il exige peu de l'esprit surmené. Des compositions botaniques favorisent le bien-être et constituent une bonne base pour organiser votre jardin.

LA NATURE NOUS RÉTABLIT

Les humains seraient biophiles : ils auraient une affinité innée avec la nature, et leur bien-être émotionnel en dérive. Pour une étude américaine, trois groupes se sont livrés à une tâche fatigante pendant 40 minutes. Ensuite, les participants ont soit marché dans la nature, soit marché en ville, soit lu et écouté de la musique. Résultat, ceux qui sont allés dans la nature se sont montrés plus aptes à se concentrer et plus reposés, avec des sentiments plus positifs.

Théories du bien-être naturel

Comment et pourquoi la nature a-t-elle un effet positif ? Selon la théorie de l'éveil de la motivation, la nature fournit des niveaux optimaux de stimulation qui équilibrent l'excitation liée à la vision de choses nouvelles et complexes par le calme, le familier et le naturel. La fluidité perceptuelle expliquerait que nous réagissons plus positivement à une scène naturelle qu'à une scène artificielle, car nous appréhendons inconsciemment mieux les modèles répétitifs de la nature, comme la disposition des pétales.

Nous apprécions aussi le confort d'un environnement naturel en fonction de notre place en son sein. Ainsi, comme l'avance la théorie du refuge visuel, pour regarder un espace ouvert, nous préférons nous asseoir adossé à un mur. Cet instinct d'observer un paysage (visuel) depuis un lieu protégé (refuge) est lié à un désir inhérent de voir arriver le danger. Une telle position assise, chez soi ou dans un jardin, peut aider à surmonter le stress.

L'ART de la restauration naturelle

Mais c'est la théorie de la restauration de l'attention (ART) qui est la plus en vogue. Avancée par les psychologues environnementaux Stephen et Rachel Kaplan, depuis les années 1980, elle suggère que le contact avec la nature nous permet de reposer et de restaurer nos esprits surmenés (un processus vital pour la santé), qu'il améliore notre capacité de concentration et nous arme pour un monde urbain de plus en plus gris. Pour nous « restaurer », un environnement doit offrir quatre éléments : un sentiment d'immersion (« étendue »), un changement de lieu (« mise à distance »), le sentiment d'être à l'aise dans l'environnement (« compatibilité ») et des éléments séduisants (« fascination »). Un tel cadre naturel permet à l'esprit de surmonter la pression de la vie moderne et de retrouver le bien-être.

En tant que jardinier, vous pouvez créer, à l'extérieur comme à l'intérieur, ce véritable environnement naturel qui vous restaure.

ÉTENDUE

Les plantes offrent un environnement d'une **richesse** différente, et pourtant totalement familière, où nous nous « **perdons** », que ce soit dans un petit **jardin** ou dans un vaste **paysage**.

MISE À DISTANCE

Les scènes naturelles, même de taille réduite, proposent une **pause mentale** - une chance d'**échapper** à la vie quotidienne et au **stress**.

COMPATIBILITÉ

Grâce à notre **affinité instinctive** avec la **nature**, nous nous sentons immédiatement plus calmes et plus à notre **aise** dans un **cadre naturel**.

FASCINATION

Le **monde naturel** regorge d'objets **intrigants** - structures des feuilles, des fleurs, des flocons de neige -, qui captent notre **attention** d'une manière presque méditative. Les structures « **fractales** » (voir p. 72) génèrent dans notre esprit une « **fascination douce** », sans imposer de contraintes.

LA NATURE NOUS FASCINE

Admirez un coucher de soleil, contemplez l'océan ou regardez votre jardin. Lorsque vous voyez les changements du ciel, le flux et le reflux des vagues ou le balancement des plantes sous la brise, le temps semble ralentir. Votre respiration s'approfondit, votre pouls se calme et vos pensées stressantes reculent. Vous êtes apaisé. Selon la théorie de la restauration de l'attention (voir p. 71), la nature fait alors redémarrer votre cerveau.

La nature capte notre attention par des structures répétitives : les fractales. On les trouve presque partout dans le monde naturel. La disposition des branches, l'anatomie des flocons de neige, la forme des nuages et des feuilles, notre rythme cardiaque en sont. Elles nous attirent, car sont faciles à appréhender, et elles « déconnectent » notre cerveau, en lui permettant de récupérer.

La figure parfaite

Les fractales sont diverses. Certaines, trop complexes, génèrent la confusion. D'autres sont peu attirantes. Des chercheurs suédois et britanniques ont cerné le type de figure qui capte le mieux notre attention : des motifs naturels modérément complexes, ni trop lisses ni trop clairsemés, ni trop intriqués ni trop denses. Un paysage de prairies, avec des vues dégagées et quelques arbres, est idéal. Une scène pareille comprend les figures avec lesquelles nous avons le plus d'affinité.

Particulièrement captivantes sont les fractales qui reflètent une suite mathématique, la suite de Fibonacci, où chaque nombre est égal à la somme des deux qui le précèdent. On la retrouve dans la spirale d'un cône de pin, dans le cœur du tournesol, ou dans la coquille des escargots et des coquillages. Pour créer un jardin, référez-vous donc à la science. Si vous pensez à un décor plat et sobre, enrichissez-le de fractales attractives, comme un arbre, quelques arbustes et des fleurs, pour qu'il vous procure une vraie restauration.

Comment fonctionnent les fractales

Pourquoi et comment les fractales nous fascinent-elles ? Par la répétition visuelle. Un motif qui se répète selon un ratio particulier retient notre attention. Il la pousse à le suivre jusqu'à son extrémité, surtout quand il se reproduit à des tailles diverses, dans une progression apparemment sans fin. Par exemple, un tronc d'arbre présente une fourche de branche qui se divise à son tour. Cette répétition continue, du grand au petit, se poursuit jusqu'aux rameaux les plus fins.

Les rameaux, les branches et le tronc répètent le même motif de division.

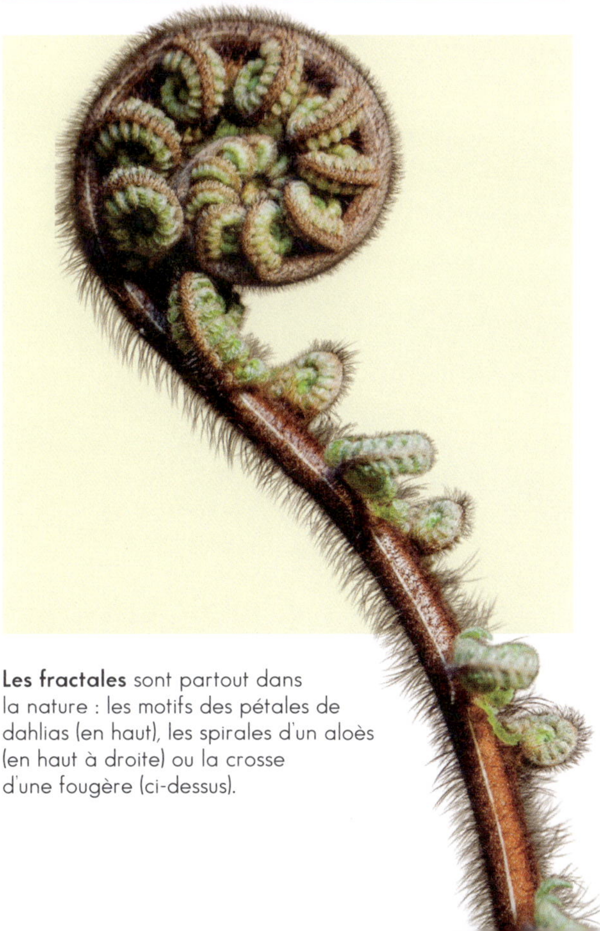

Les fractales sont partout dans la nature : les motifs des pétales de dahlias (en haut), les spirales d'un aloès (en haut à droite) ou la crosse d'une fougère (ci-dessus).

Attraction géométrique

On trouve des fractales dans toutes les fleurs, mais nous sommes plus attirés par certaines d'entre elles. Selon des études, les humains préfèrent toujours les fleurs à symétrie radiale, comme les tournesols, surtout quand elles sont disposées en spirale autour d'un axe central. Cette fractale capte et retient notre attention, peut-être parce que la fleur est divisée par des axes visuels en deux moitiés identiques, chacune étant elle-même symétrique. Ce n'est pas le cas de la fleur d'orchidée : dotée d'une symétrie bilatérale, avec un seul axe de division, elle est classée plus bas sur « l'échelle de fascination ».

Un tournesol a une symétrie radiale qui accroît son attrait esthétique.

Un sabot de Vénus a une symétrie bilatérale qui pourrait le rendre moins attirant.

CRÉEZ UN JARDIN FASCINANT

Un jardin conçu de manière à fasciner doit être à la fois séduisant et relaxant pour l'esprit. Examinez d'abord sa forme générale, puis situez les zones les plus intéressantes.

Le regard est-il naturellement porté vers un point particulier, tel un massif de fleurs ? Des lignes de vue devraient capter votre attention et vous guider dans l'espace. Les courbes étant les formes les plus naturelles, un chemin de dalles de béton, rectiligne jusqu'au fond du jardin, est moins attrayant qu'un sentier sinueux de brique, ou de pierre, avec les bords ornés, si possible, de couvre-sols aromatiques. Introduisez ainsi le maximum de formes organiques, car ce qui imite la nature est en général considéré comme plus fascinant à contempler.

Estompez les limites pour agrandir

Aménagez des surprises en cachant certaines parties par des écrans, des arbres ou des haies : un espace entrevu par une ouverture invite à l'exploration. Masquez les murs et les clôtures en plantant des grimpantes, des arbustes et des arbres, afin de donner une impression d'espace.

Liez l'intérieur à l'extérieur par des plantes d'intérieur. Placez près des fenêtres des feuillages, des fleurs et des formes qui font écho à ceux du jardin. Ainsi, elles conduisent le regard vers l'extérieurs.

N'oubliez pas l'eau

L'eau, centre d'intérêt naturel qui attire la faune, incite aussi à la méditation, ce qui est idéal pour un refuge où se revivifier (voir p. 78-79). Une mare (voir p. 56), ou un bain d'oiseaux, reflète le ciel changeant et la course des nuages et attire le regard vers ces images éphémères. Si vous avez la place, ajoutez un jet d'eau, ou un couloir d'eau, dont le léger gazouillis rafraîchit l'esprit fatigué (voir p. 113).

L'eau, qu'il s'agisse d'une simple vasque ou d'une grande mare, attire l'œil par son mouvement, ou par celui des ondes créées par le vent.

Une allée menant à une destination, par exemple un banc ou une sculpture, pousse à se déplacer dans l'espace.

Des éléments à inclure dans votre jardin

- Des allées visibles traversant l'espace.
- Des décors aquatiques.
- Des zones invitant à l'exploration.
- Des détails surprenants et intéressants le long des lignes de vue.

Des formes répétitives, comme ces boules de buis, créent une fascination en attirant l'attention dans cet espace, et en la portant au-delà, et gardent aussi un caractère décoratif par leurs courbes.

LES PLANTES FASCINANTES

Après avoir organisé votre jardin, garnissez-le de plantes offrant une « fascination douce », pour vous relaxer et vous régénérer mentalement. Beaucoup retiennent l'attention par leurs formes et leurs figures fractales, mais certaines sont fascinantes.

Pour l'ornement et pour l'équilibre

Associez des plantes de forme et de hauteur variées, pour créer du relief. Placez les arbres et les arbustes derrière, et les plantes basses devant. Recherchez la répétition fractale (voir p. 72), avec des compositions de plantes aux formes similaires, groupées (en nombre impair, plus naturel) sur différents niveaux, en les liant et en les combinant pour créer votre « paysage fascinant ».

Un jardin équilibré doit comporter des espaces ouverts ainsi que des arbres, des arbustes et d'autres plantes. S'il n'est fait que d'une pelouse et de dalles, il n'est guère fascinant ; et s'il déborde d'un enchevêtrement de plantes, il n'est pas relaxant.

Il faut aussi garder à l'esprit cette notion d'équilibre en choisissant les plantes. Sélectionnez celles dont les feuilles et les fleurs ont des figures fractales. Les feuilles texturées ou très découpées des arums et des fougères (voir ci-contre) ont une forme apaisante et familière, mais aussi suffisamment de détails imbriqués pour retenir l'attention. Parmi les fleurs à symétrie radiale (voir p. 73) du type marguerite, cultivez les zinnias (voir ci-contre) et les cosmos.

Un jardin pour tous les sens

Pour vous revitaliser, un jardin doit si possible fasciner tous les sens : la vue, l'odorat, l'ouïe, le toucher et même le goût. Puisque les parfums ont un effet direct sur la sensation de bien-être (voir p. 92), cultivez des espèces à odeur réputée apaisante et euphorisante, comme la lavande, le jasmin et la rose de Damas. Certaines graminées (voir ci-contre) émettent un bruit relaxant. On aime aussi caresser leurs tiges plumeuses. Beaucoup de fleurs qui attirent les abeilles et d'autres pollinisateurs (voir p. 194), réjouissent aussi la vue et l'ouïe.

Des plantes pour toutes les saisons

Les persistantes restent décoratives en hiver, mais associez-les aux caduques pour que votre décor évolue, depuis les fleurs printanières jusqu'aux couleurs automnales. L'important, c'est d'aménager de belles scènes toute l'année : des branches dénudées et poudrées de gel sont fascinantes, et elles le sont encore, garnies de leur généreux feuillage estival.

1

3

2

4

5

PLANTES FASCINANTES

Pour introduire pleinement la fascination dans votre jardin, associez des plantes d'aspects et de couleurs contrastés, avec des feuilles aux motifs originaux et des fleurs ornementales. Voici quelques suggestions, mais n'oubliez pas qu'il faut choisir des plantes adaptées à votre climat et au sol de votre terrain.

1 Cheveux d'ange (*Stipa tenuissima*) Cette vivace non persistante retient l'œil en ondulant sous le vent et accroche l'oreille par un léger bruissement.

2 Zinnia élégant (*Zinnia elegans*) Les fleurs (capitules) de cette annuelle associent la complexité fractale à la symétrie radiale.

3 Arum d'Italie (*Arum italicum*) Avec ses feuilles panachées et marquées de motifs surprenants, cette vivace spectaculaire a un fort effet visuel.

4 Fougère mâle (*Dryopteris filix-mas*) La structure fractale typique des frondes de cette plante caduque capte immédiatement votre attention et vous revitalise mentalement.

5 Digitale obscure (*Digitalis obscura*) Cette plante bisannuelle ou vivace peu durable porte des fleurs à motifs intriqués qui attirent le regard par leur complexité, toutefois modérée. Celles-ci sont visitées par les bourdons, dont le bourdonnement a un caractère apaisant.

CRÉEZ UN COIN DE PLEINE CONSCIENCE

La pleine conscience est une technique visant à focaliser son attention sur le moment présent, s'en se laisser submerger par ses pensées et ses émotions. Des thérapeutes recommandent cette forme de méditation pour surmonter l'anxiété et la dépression, mais aussi pour trouver la paix intérieure. En créant un jardin capable de faire redémarrer votre cerveau, n'oubliez pas le coin de pleine conscience.

Aménagez votre coin dans un endroit paisible, où l'on perçoit le bruit de l'eau. Ce petit refuge, qui vous met au calme et à l'abri, est idéal pour vous reposer l'esprit.

Un lieu bien protégé

Pour être au calme, il faut vous sentir en confiance, loin de toute sollicitation. Aménagez votre coin de pleine conscience dans un endroit isolé et abrité. Et placez-y un bon fauteuil, adossé à une haie ou à un mur pour vous sentir en sécurité (voir p. 71). Ce coin de jardin (ou de balcon) doit être en partie entouré de végétaux pour filtrer la vue de l'extérieur, facteur d'anxiété.

En phase avec la nature

À votre refuge, il faut de l'eau (voir p. 110) et des fleurs à nectar pour attirer les abeilles et les papillons, dont les évolutions et le discret bourdonnement éveillent les sens et vous aident à vous concentrer. Disposez des feuillages et des fleurs dont l'aspect et les couleurs vous plaisent, par exemple des penstemons aux tons vibrants et des achillées, plus neutres. Leurs formes et leurs teintes vous ancreront dans le présent, et votre cerveau se focalisera sur leur complexité. Pensez aux ombelles, très architecturales, notamment à celles des *Allium* (voir ci-dessous), et aux couleurs vives, comme le bleu et le rose éclatants du volubilis. Optez pour des plantes dont le parfum (voir p. 92) vous enchante. Pour le toucher, retenez des plantes tactiles, comme l'oreille d'ours (ci-dessous), dont les feuilles veloutées sont douces. Et pour l'odorat, ajoutez de la lavande (ci-dessous), du romarin, ou une espèce aromatique. Un tel refuge sensoriel vous offre le bénéfice de la pleine conscience !

1

2

3

DES PLANTES SENSORIELLES

La pleine conscience, c'est aussi l'ancrage dans le moment présent. Aussi, pour votre petit refuge, sélectionnez des plantes dont les qualités sensorielles vous séduisent.

1 Ail d'ornement (*Allium* 'purple Sensation') Ses ombelles de fleurs et de graines de couleurs vives, aux allures de pelotes d'épingles et aux formes fascinantes, accrochent le regard.

2 Lavande (*Lavandula*) Ses senteurs apaisantes et aromatiques mobilisent votre odorat, ce qui vous aide à vous ancrer dans le moment présent.

3 Oreille d'ours (*Stachys byzantina*) Des feuilles tactiles, soyeuses sous la caresse des doigts, stimulent le sens du toucher.

Des coins de repos bien conçus

Prenez le temps de vous relaxer dans votre espace extérieur, pour votre plus grand bien-être physique et mental. Pour ce faire, il faut disposer de sièges confortables, placés en plusieurs endroits (c'est généralement possible, même sur un terrain exigu), afin de profiter du jardin sous tous ses aspects. Un banc sans dossier permet de s'asseoir un moment, mais installez plutôt un bon siège dans le lieu où vous souhaitez prendre vos aises. Choisissez un mobilier qui correspond à votre style de vie réel et non à celui dont vous rêvez : vous serez plus enclin à l'utiliser et à profiter du jardin.

La présence d'un banc suscitera votre désir d'explorer votre jardin, alors qu'un siège placé sous un arbre, ou entouré d'une haie, éveillera un sentiment de sécurité et de détente.

Des plantes installées tout près d'un siège génèrent une impression d'immersion et favorisent une interaction paisible avec la nature. Ici, pour constituer un bel arrière-plan à ce banc, j'ai planté des hostas, des *Brunnera macrophylla* 'Jack Frost', des liriopes, des digitales et une fougère (*Dryopteris*).

Dans votre coin repos, plantez des arbres pour créer une impression de douce intimité et pour fournir un peu d'ombre en été. J'ai choisi un cerisier en cépée pour ses belles formes architecturales, sa ramure haut placée, qui laisse dégagées des vues sur le jardin, et sa spectaculaire floraison printanière.

Des formes organiques et une allée sinueuse vous encouragent à vous acheminer doucement vers votre coin repos. Ici, les bordures sont plantées d'iris de Sibérie, de *Nepeta racemosa* 'Walker's Low', de camassias et de sauges.

UN JARDIN D'INTÉRIEUR STIMULANT LE CERVEAU

Si vous n'avez ni jardin ni balcon, vous pouvez créer un jardin guérisseur d'intérieur. Les recherches montrent que la présence de plantes dans un appartement améliore la concentration et l'humeur, et réduit le stress et la pression artérielle. En 2014, une étude britannique a établi que la présence de plantes augmente la productivité de 15 %, dans un lieu de travail spartiate. En outre, des plantes d'intérieur peuvent aussi purifier l'air des toxines et modifier l'humidité relative, ce qui est bon pour le confort et la santé – et quand on se sent mieux physiquement, le moral se met au beau fixe.

Des plantes adaptées au milieu...

Comment profiter au maximum des plantes d'intérieur qui sont censées stimuler l'esprit ? Choisissez des espèces adaptées aux conditions de votre appartement ou de votre bureau. Si la lumière est faible, optez pour des plantes d'ombre à beau feuillage généreux, comme l'aglaonème ou le zamioculcas. Les succulentes et les cactus doivent être placés tout près d'une fenêtre, orientée au sud. Les orchidées, d'autres plantes à fleurs, quelques plantes vertes à feuillage panaché, demandent quant à elles beaucoup de lumière, mais pas de soleil direct.

... et des couleurs à votre humeur

Tenez compte du type de pièce, car les couleurs des feuillages et des fleurs influent sur l'ambiance (voir p. 100). Selon une étude japonaise, un feuillage vert foncé suscite la tranquillité et la relaxation, alors que le rouge favorise la concentration et que le vert et le jaune vifs sont énergisants.

Recherchez la fascination

En associant des plantes de diverses espèces, hauteurs, formes et couleurs, vous reproduisez les aspects du paysage naturel (voir p. 70-73) qui amènent un sentiment de bien-être. Les fenêtres jouent aussi le rôle des « espaces ouverts », auxquels se réfère la théorie de la restauration de l'attention (voir p. 71). Selon une étude de 2005, des plantes près des fenêtres apaisent le stress, car l'on voit leurs feuillages se dessiner sur le paysage, et les vues lointaines ont un effet relaxant.

Même dans un espace exigu, il est facile d'utiliser des plantes pour la stimulation mentale. Un chlorophytum, près d'une fenêtre, offre un spectacle fascinant, et la vue, à travers la vitre, calme le stress.

Des plantes qui fascinent

Peuplez votre jardin d'intérieur de plantes qui, par leur forme, leur texture et leurs couleurs, fascinent.

- La **fougère de Boston** (*Nephrolepis exaltata* 'Bostoniensis') a l'aspect d'une fontaine de frondes vertes retombantes.
- Le **zamioculcas** (*Z. zamiifolia*) présente des feuilles vernissées, vert soutenu, disposées par paires sur les tiges.
- Le **Dragonnier de Madagascar** (*Dracaena marginata*) a des feuilles panachées, rubanées et coriaces, qui retombent doucement.
- La **Langue de belle-mère** (*Sansevieria trifasciata*) offre de longues feuilles dressées, succulentes et rigides, souvent marginées de clair.
- L'**Echeveria** (*Echeveria* spp.) forme de belles rosettes texturées dans une large gamme de couleurs.

Cette intéressante composition de plantes vertes, avec des feuilles aux formes surprenantes, texturées et panachées, constitue un refuge d'intérieur réconfortant, qui permet de « déconnecter » votre esprit, en vous aidant à vous relaxer, à vous revitaliser et à redémarrer.

Quand le jardinage stimule l'estime de soi

Le jardinage a pour but la culture des plantes, mais il peut aussi améliorer la confiance en soi et en sa valeur propre.

La fierté que l'on éprouve devant son jardin en fleur, ou lorsque l'on voit germer les graines que l'on a semées, est très positive. L'entretien des plantes favorise les sens de l'appropriation et du contact, ainsi que la responsabilité et la maîtrise de quelque chose, ce qui améliore la confiance en soi et fait naître une estime de soi plus positive.

LA MAÎTRISE GÉNÈRE LA CONFIANCE

Quand on est stressé ou déprimé, on se sent impuissant à sortir de son marasme. Toutefois, le jardinage fait prendre conscience que l'on est capable de maîtriser quelque chose : on choisit des plantes, on les entretient, on suit le rythme des saisons et on est en contact avec un morceau de nature. À défaut de jardin à soi, un balcon ou un jardin partagé suffisent. Dans ce dernier cas, on peut tisser des liens avec une communauté (voir p. 90-91). Il est prouvé que le jardinage est l'activité idéale pour ceux qui ne sont pas (ou qui ne se sentent pas) capables de réussir dans un autre domaine.

La récompense du travail

En général, voir la nature à l'œuvre, semer des graines, faire pousser des végétaux sont des expériences positives. L'entretien des plantes donne un sentiment d'accomplissement et de progression, puisqu'on les voit croître et prospérer. Il est avéré aussi qu'en récoltant les fruits de son travail, on

Le **jardinage** augmente l'estime de soi chez les **handicapés physiques ou mentaux**, en leur permettant de cultiver eux-mêmes, ainsi que de rester **actifs**.

Le jardinage donne aux **personnes âgées** un **but** et un sentiment **positifs**, et leur permet de lutter contre leur **isolement**.

De nombreuses études ont établi que pour ceux qui souffrent d'**anxiété** ou de **dépression**, le jardin ou un espace vert **améliore l'humeur** et **l'estime de soi.**

prend davantage confiance en ses propres capacités. En outre, le jardinage est aussi une excellente activité physique (voir p. 126-129) et extérieure (voir p. 64-67), qui améliore la santé mentale et l'humeur. Ces récompenses s'appliquent à tous, quels que soient l'âge, le milieu social et le genre.

Identité et relation

Selon la théorie de l'identité sociale, la manière dont on se considère soi-même dépend du groupe auquel on appartient. Et quand on s'identifie comme étant un jardinier, montrer ce que l'on a accompli à ceux qui ont les mêmes intérêts rend fier et permet d'échanger des méthodes de plantation. Ainsi, on tisse des relations et on brise son isolement (voir p. 90-91).

Il est prouvé que les immigrés, quelle que soit leur origine, reprennent confiance en eux en jardinant. En effet, ils prennent conscience de leur propre valeur, grâce aux connaissances et aux techniques qu'ils possèdent sur les plantes de leur lieu de naissance. Leur assimilation en est dès lors facilitée. Ainsi, une étude menée en 2010 sur des immigrants chinois en Nouvelle-Zélande a montré que la création d'un jardin les a aidés à se sentir « comme chez eux » dans leur nouveau pays, ainsi qu'à leur donner une identité et une place dans la société.

Cultiver son individualité

Selon des psychologues, le jardinage donne confiance en soi et améliore la santé mentale en laissant son identité s'exprimer. Il permet de se forger une individualité et de se rendre compte de ses compétences et de ses capacités. Quand on produit soi-même ses légumes, on ressent l'utilité d'une activité qui a du sens et qui s'inscrit dans l'ordre des saisons. En personnalisant notre espace, nous le rendons unique : il devient l'expression de notre individualité et de notre caractère, ce qui développe le sens de l'appropriation et l'estime de soi.

Dans votre espace, créez un petit paradis propre à vous donner confiance en vous-même, en mettant tous les atouts de votre côté (voir p. 86-87), et personnalisez-le pour affirmer votre individualité (voir p. 88-89).

Il est prouvé que les **enfants** qui ont des **contacts** réguliers **avec la nature** ont un sentiment d'**estime de soi** plus développé que leurs camarades.

OPTEZ POUR CE QUI MARCHE POUR VOUS

Comment faire pour que votre jardin améliore votre auto-estime ? Et pour être sûr que vos plantes vivent et s'épanouissent, afin de vous sentir efficace et compétent ?

Organisez-vous pour réussir

Si vous êtes novice dans le jardinage, cultivez des plantes faciles et résistantes, comme le géranium vivace et le radis et, côté potager, des légumes que vous aimez. Ne craignez pas de demander conseil auprès de votre association locale de jardinage : l'estime de soi s'améliore en cultivant les relations et en appartenant à un groupe.

Sélectionnez des plantes de tailles et de couleurs différentes, décoratives toute l'année. N'essayez pas de tout accomplir en un jour. Prenez votre temps et amusez-vous à maîtriser votre jardin. Les possibilités sont vastes, car de nombreuses plantes sont robustes et peu exigeantes (voir ci-contre). Quand vous aurez un peu d'expérience, vous aborderez des cultures plus délicates et des projets plus complexes.

Soyez réaliste

En créant votre jardinet parfait, ne vous laissez pas dépasser par votre ambition. Vous avez sans doute des rêves, mais il faut les concilier avec le climat et le type de sol, et aussi avec votre mode de vie et votre emploi du temps. Réfléchissez bien à ce que vous souhaitez faire de votre espace, ainsi qu'au temps que vous pourrez accorder à son entretien. Pour que votre jardin optimise votre auto-estime, il ne doit pas être un motif de culpabilité, au cas où vous n'arriveriez pas à l'entretenir.

Adaptez-vous aux circonstances

Si vous n'avez qu'une terrasse ou une cour, ou que vous êtes limité par votre contrat de location, pratiquez la culture en pot. Beaucoup de fleurs, d'arbustes, de légumes, d'arbres s'y épanouissent fort bien, s'ils sont assez arrosés et amendés. Et si vous manquez de temps, utilisez un arrosage automatique et des engrais à libération lente.

Un jardin d'appartement est également salutaire. Une belle collection de plantes d'intérieur est en effet un bon motif de confiance en soi. Optez, par exemple, pour un mini-jardin de cactus et de succulentes, robustes et faciles à entretenir, ou, dans une pièce un peu sombre, pour un chlorophyton ou un schefflera.

Les règles d'or

- Choisissez des plantes adaptées au climat et au type de sol !
- Avant d'aller à la jardinerie, faites une liste : vous éviterez les achats inutiles et inadaptés.
- Ne serrez pas trop les plantes : elles ont besoin d'espace pour s'épanouir.

Les fleurs délicates de l'anémone du Japon s'épanouissent en été et durent tout l'automne. Vigoureuse et de belle stature, cette plante est aussi ornementale au jardin qu'au balcon.

Cultiver ses propres légumes est excellent pour l'estime de soi. Les radis croquants sont très faciles à réussir.

Les cactus et les succulentes de différentes formes, dimensions et couleurs font de belles compositions d'intérieur, dont on peut être fier.

PLANTES DE JARDIN FACILES

Les espèces ci-dessous sont robustes et généreuses, et tout indiquées pour les jardiniers débutants.

ORNEMENTALES

- **Anémone du Japon** (*Anemone* x *hybrida*)
- **Grande astrance** (*Astrantia major*)
- **Bergénia à feuilles cordées** (*Bergenia cordifolia*)
- **Pois de senteur** (*Lathyrus odoratus*)
- **Fougère mâle** (*Dryopteris filix-mas*)
- **Boule azurée** (*Echinops ritro* 'Veitch's Blue')
- **Orpin d'automne** (*Hylotelephium spectabile*)
- **Sauge de Jérusalem** (*Phlomis fructicosa*)

FRUITS ET LÉGUMES

- **Radis** (*Raphanus sativus*)
- **Haricot** (*Phaseolus vulgaris*)
- **Bette** (*Beta vulgaris*)
- **Courgette** (*Cucurbita pepo*)
- **Fraise** (*Fragaria* x *ananassa*)
- **Mûre sans épines** (*Ribes fruticosus*)

Le pois de senteur est une plante qui vous donne confiance en vous. Facile à cultiver, il vous récompense en été de fleurs colorées et parfumées.

CALME ET CONTEMPORAIN
L'influence de l'Extrême-Orient est manifeste dans ces formes organiques, nettes et lisses, qui contrastent avec les silhouettes irrégulières d'un pin sylvestre nain (*Pinus sylvestris* 'Watereri') et d'un if, qui apportent équilibre et sérénité à ce jardin minimaliste. Conçu par Matt Keightley.

Le jardinage, remède à l'isolement

Grâce au jardinage, nouez des relations, sortez de votre solitude et prolongez votre vie !

Il est prouvé scientifiquement que des relations nombreuses sont excellentes pour la santé et pour l'espérance de vie. Nouer et conserver des contacts sont donc primordiaux pour vivre longtemps et en pleine forme. Les thérapeutes constatent aussi de plus en plus que le jardinage est un bon moyen pour se faire des relations. Des études montrent que les personnes qui appartiennent à une association ou à un groupe de jardinage, ou qui pratiquent le jardinage partagé, se sentent moins isolées et améliorent leur physique comme leur mental.

UN CENTRE D'INTÉRÊT COMMUN

Pour bien des psychologues, une bonne santé repose sur quelques facteurs clés. Parmi eux, le sentiment d'appartenance vient juste après le besoin de nourriture, d'eau et d'abri. La solitude a des effets négatifs sur la santé physique et mentale et réduit l'espérance de vie. Une étude portant sur 16 800 Américains de plus de 25 ans montre que le sentiment de solitude induit un risque plus élevé de mortalité. L'isolement est aussi un facteur d'augmentation de la tension artérielle et du taux de cholestérol. Cela explique en partie pourquoi ceux qui sont isolés sont en plus mauvaise santé que ceux qui entretiennent des liens actifs avec leur famille ou une communauté.

On constate aussi que les personnes isolées et stressées ont une faible immunité et des inflammations chroniques, qui peuvent entraîner des maladies. En outre, des chercheurs ont établi que l'absence d'entourage affectif ou de soutien pour régler les questions du quotidien a un effet négatif sur la santé. Il s'avère que 20 % des consultations médicales sont consacrés à des problèmes liés à des situations sociales comme la solitude. Certains praticiens conseillent donc le jardinage pour surmonter l'anxiété et la dépression dues à l'isolement.

Le jardinage pour se rétablir

L'horticulture thérapeutique et sociale et l'hortithérapie aident à surmonter et à dépasser un certain nombre de maladies et de handicaps par des projets de jardinage. En guise de traitement de leurs troubles, les patients, en groupe ou individuellement, effectuent de vrais travaux de jardinier.

Ces thérapies ciblent aussi les troubles du déficit de l'attention (TDA) et du stress post-traumatique (TSPT). Basées sur des activités de nature, elles favorisent un sentiment de bien-être et contribuent à rééduquer et à guérir. Grâce à ces techniques, les patients retrouvent fierté et respect, sentiment d'appartenance et perspectives professionnelles. Ainsi, on crée des jardins en hôpital, destinés aux victimes de lésions cérébrales ou de la moelle épinière, pour une rééducation tout en douceur.

Jardinage et communauté

Une étude britannique de 2016 et d'autres enquêtes montrent que les jardins partagés permettent aux participants de tisser des liens avec des groupes socio-économiques, culturels et religieux, et font reculer l'exclusion sociale. Ces territoires neutres constituent un terrain d'entente pour des gens issus de différents milieux, qui peuvent discuter des techniques de jardinage, partager et comparer leurs connaissances, échanger des graines et des plantes, et produire ensemble des légumes et des fleurs, constituant ainsi une communauté solide. Une telle activité permet de nouer des liens et des amitiés qui améliorent la qualité de vie.

Rejoignez une association de jardinage pour nouer des contacts, afin de progresser et d'acquérir de la confiance en vous.

Participez !

Il existe des associations de jardinage dans tous les pays du monde. Vous en trouverez sans doute non loin de chez vous. Vous y rencontrerez des gens de toutes sortes, vous découvrirez des techniques nouvelles et vous tisserez des liens avec des voisins. Vous pouvez aussi donner des cours de jardinage dans les écoles. Cette activité parascolaire s'intègre aux programmes d'étude et représente pour les élèves un apprentissage de la vie, notamment du travail en équipe et du partage. Elle peut aussi aider à comprendre certains aspects des lettres, des mathématiques et des sciences.

L'effet puissant du parfum

Les parfums ont une influence majeure sur nos émotions, mais ils ont aussi des vertus thérapeutiques.

La croyance dans la capacité des parfums végétaux à répandre la bonne humeur et le bien-être et à protéger la santé est très ancienne. Aujourd'hui, les preuves scientifiques de ces vertus sont nombreuses. On sait ainsi que les parties du cerveau qui gèrent les odeurs, la mémoire et les émotions sont intimement liées, et que les parfums peuvent puissamment affecter les ondes cérébrales. Cultivez des plantes odorantes et aromatiques de toutes saisons pour profiter d'un jardin aux vertus thérapeutiques, qui vous fera du bien du printemps à l'hiver.

PARFUMS ET CERVEAU

Un être humain inspire environ 23 000 fois par jour, et peut différencier plus de mille milliards d'odeurs. Cette capacité a contribué à l'évolution de notre espèce : nous sommes attirés par les « bonnes » odeurs de ce qui favorise notre survie et rebutés par les « mauvaises » de ce qui nous nuit, comme la nourriture pourrie ou la fumée. Nous percevons les odeurs lorsque des molécules flottant dans l'air arrivent sur l'épithélium olfactif. Les données sont alors traitées par les bulbes olfactifs, avant d'être diffusées dans le cerveau. Une fois « fixée » dans notre cerveau, une odeur est reconnue dès que nous la rencontrons de nouveau.

Mémorisées, les odeurs semblent plus à même d'évoquer des souvenirs et des émotions personnelles que tout autre stimulus sensoriel. C'est sans doute parce que les régions du cerveau gérant les odeurs ont des liens étroits avec l'apprentissage associatif, les émotions et la mémoire à court et

Le **nez humain** compte environ **400** types de **récepteurs olfactifs**, qui détectent des **odeurs** à très faible **concentration (1 part** pour **30 milliards**, en volume).

Une étude japonaise de 2013 montre que l'inhalation du **parfum des fleurs de prunier** active les zones cérébrales dédiées à la **parole**, à la **mémoire** et au **mouvement**, et déclenche un sentiment de **bonheur** qui atténue la **dépression**.

L'**inhalation** est l'un des moyens les plus **efficaces** du corps pour absorber des substances **bénéfiques**. Les **cellules réceptrices** du nez génèrent des **impulsions** qui gagnent directement le **bulbe olfactif cervical**.

à long terme. Selon des études menées sur les huiles essentielles, certains parfums nous affectent au niveau physiologique et mental, en nous donnant de l'entrain et du dynamisme, en réduisant le stress et l'anxiété, en activant la mémoire et en diminuant même la pression artérielle.

La science des parfums

Les odeurs jouent un rôle important. Les plantes les génèrent pour attirer les pollinisateurs et les animaux frugivores qui dispersent des graines, ou pour repousser les prédateurs. Mais pourquoi ont-elles des effets si divers chez les individus ?

Des débuts de recherches montrent que les odeurs affectent les ondes cérébrales de manière quantifiable. Ainsi, le parfum de la lavande favorise les performances cognitives, la bonne humeur et le sommeil, relaxe les muscles et calme la migraine. Ce parfum agréable déclencherait une réaction émotionnelle positive. Il a aussi un effet physiologique, en interagissant avec les récepteurs cérébraux et les neurotransmetteurs, qui favorise la relaxation. Le romarin, connu par l'aromathérapie pour son pouvoir énergisant et son action sur la mémoire (voir ci-dessous), a aussi la capacité de supprimer les ondes cérébrales bêta et alpha, améliorant ainsi la vivacité intellectuelle et le maintien des acquis. Dans votre jardin guérisseur (voir p. 94-97), cultivez des plantes qui embaument et parfument l'atmosphère.

Du romarin pour les souvenirs

La science a longtemps considéré avec scepticisme le lien entre romarin et mémoire, mais elle a récemment révisé sa position. En 2015, une étude britannique portant sur des plus de 60 ans a montré que l'huile essentielle de romarin améliore nettement la mémoire de travail, c'est-à-dire la capacité à retenir des choses à faire, comme poster une lettre ou prendre un médicament. Certains composés de cette plante semblent prévenir la dégradation des neurotransmetteurs nécessaires au fonctionnement de la mémoire de travail. Quand on les inhale, ils accrochent directement les « nouveaux » souvenirs dans le cerveau. Le romarin et d'autres plantes pourraient être utilisés pour traiter la perte de mémoire chez les déments ou pour rétablir l'odorat perdu à la suite d'une blessure.

Les plantes émettent des **éléments chimiques** en **combinaison unique** qui constituent leur parfum et qui **distinguent** chaque **espèce**. En 2016, on a **identifié** plus de **1 700** éléments pour 90 familles végétales.

PEUPLEZ VOTRE JARDIN DE PARFUMS

Avant de choisir des plantes odorantes (voir p. 96-97), il faut considérer différents facteurs. Quelles sont les zones que vous fréquentez le plus souvent, et quelles sont les plus ensoleillées ? La chaleur intensifie en effet les arômes libérés par certains feuillages, comme ceux du pin et des conifères, mais aussi du thym, de l'origan et d'autres espèces méditerranéennes. Les fleurs émettent leur parfum pendant la journée, mais si vous aimez passer la soirée au jardin, vous pouvez privilégier des plantes pollinisées par des insectes nocturnes, qui sont parfumées durant la nuit (voir p. 200-201).

En toute saison

Puisque le parfum a une influence sur l'humeur, il faut faire des choix. Souhaitez-vous favoriser la relaxation, ou la concentration et la vivacité intellectuelle ? Si vous avez de l'espace, vous pouvez créer différentes zones, chacune étant dédiée à telle ou telle humeur ou disposition spirituelle.

Prévoyez une gamme très vaste de plantes aromatiques et parfumées dans toutes les parties du jardin et pour toutes les saisons. Ainsi, il existe des parfums hivernaux enchanteurs, comme ceux de l'hamamélis et de la viorne d'hiver. En fin d'hiver et au printemps, profitez des effluves chocolatés d'*Azara microphylla* 'Variegata' et, en été, des senteurs citronnées de la verveine citronnelle. En automne, vous respirerez les senteurs maltées de l'arbre au caramel (*Cercidiphyllum japonicum* 'Boyd's Dwarf'). Donnez de l'espace aux espèces comme le bois-joli, certains lis et le tabac d'ornement, au parfum puissant.

À vos pieds

Commencez par les plantes tapissantes. Le thym, la menthe corse et la camomille, très aromatiques, poussent volontiers entre les dalles et les pavés : pour les planter, remplissez les joints d'un mélange de compost de sable, et arrosez-les copieusement. Installez des plantes parfumées, comme le muguet et la violette odorante, en bordure d'allées ou au croisement des sentiers : elles libèrent davantage d'odeur quand elles sont effleurées par les pas des promeneurs.

Plantes en bac

Cultivez des aromatiques en bac sur une terrasse ensoleillée et abritée, et accrochez des pots et des jardinières de plantes annuelles parfumées aux fenêtres. En été, si vous avez des potées de lis, placez-les dans les massifs d'annuelles, pour qu'elles exhalent leurs puissantes senteurs.

N'oubliez pas les grimpantes odorantes, comme le jasmin, pour garnir les arceaux et les pergolas et parfumer les allées. Enfin, sélectionnez les meilleures espèces d'arbustes et de grimpantes parfumées pour les zones de repos, afin d'avoir le plaisir de vous relaxer dans leurs exhalaisons.

Les plantes tapissantes aromatiques, comme la camomille rampante, libèrent leurs arômes, lorsqu'on les effleure en passant sur les dalles d'un pas japonais.

Parfumez une zone de repos avec des plantes suffisamment hautes, comme ce rosier grimpant et ce chèvrefeuille, qui ont colonisé cet arceau de bois.

Cultivez des plantes aromatiques, comme la sauge et le romarin, dans des pots, et regroupez-les dans un endroit ensoleillé pour qu'elles libèrent leur parfum au moment le plus chaud de la journée.

CHOISISSEZ VOS PARFUMS

Un parfum est un composé chimique complexe, qui se diffuse quand il est émis par une plante. Les parfums végétaux sont couramment qualifiés de citronnés, d'épicés, de musqués, de fruités, ou encore de vanillés. Mais, comme le parfum d'une seule fleur peut contenir plus de 100 composés organiques volatils (COV), comment faire pour choisir les meilleures plantes odorantes pour votre jardin ?

Chacun ses goûts

Si vous trouvez qu'une plante sent bon, adoptez-la ! Un cerveau humain traite le parfum d'une manière bien spécifique. À l'exception des vrais jumeaux, chacun de nous dispose en effet de sa propre gamme de récepteurs olfactifs, déterminée par nos gènes. Deux individus ne perçoivent donc pas les odeurs de la même manière.

En outre, l'expérience, la mémoire, les souvenirs culturels jouent un rôle dans les préférences de chacun en matière d'odeurs. C'est pourquoi le choix des plantes parfumées est une affaire bien personnelle. Les senteurs d'une glycine ou d'une clématite peuvent rappeler une journée romantique et sentimentale, alors qu'une autre personne les associera à un souvenir douloureux, et qu'elles déclencheront même un malaise physique chez une troisième (voir p. 46).

Par ailleurs, n'oubliez pas que les feuillages libèrent également des arômes, parfois puissants. Pour bien les percevoir et les juger, il faut froisser une feuille entre vos doigts.

JASMIN
(Jasminum officinale)

Pour produire **1 g** d'essence de jasmin, il faut **8 000 fleurs.**

LES PARFUMS DU BIEN-ÊTRE

Lorsque nous inhalons leur parfum ou leur huile essentielle, certaines plantes ont sur nous un effet spécifique.

- **Jasmin** (*Jasminum officinale*) Il favorise le sommeil et la mémoire, la vigilance et les acuités mentale et visuelle.
- **Genévrier de Chine** (*Juniperus chinensis* 'Kaizuka') Son feuillage aromatique a un effet relaxant.
- **Menthe poivrée** (*Mentha x piperita*) Elle favorise l'attention, la réactivité et la mémoire, et améliore l'accomplissement des tâches. Elle diminue le stress.
- **Marjolaine** (*Origanum majorama*) Elle favorise le sommeil et la relaxation et réduit le stress et l'anxiété.
- **Abricotier du Japon** (*Prunus mume*) Il met de bonne humeur et peut favoriser les fonctions cérébrales vitales.
- **Rosier de Damas** (*Rosa x damascena*) Il relaxe les muscles et fait baisser la tension émotionnelle.
- **Sauge sclarée** (*Salvia sclarea*) Elle fait naître un sentiment de bonheur et combat la dépression, dont les troubles de l'humeur liés à la ménopause et à la phase postnatale.
- **Valériane** (*Valeriana officinalis*) Elle augmente la quantité et la qualité du sommeil.
- **Romarin** (*Rosmarinus officinalis*) Il favorise la qualité et la vivacité de la mémoire, réduit l'anxiété et améliore l'humeur.
- **Lavande vraie** (*Lavandula*) Elle favorise la concentration, la vivacité et la réactivité mentales, réduit le stress et l'anxiété, aide à la relaxation et améliore l'humeur.

ROSIER DE DAMAS
(*Rosa x damascena*)

MARJOLAINE
(*Origanum majorama*)

LAVANDE
(*Lavandula*)

ROMARIN
(*Rosmarinus officinalis*)

Créez votre jardin parfumé

Les parfums peuvent se connecter directement à la nature et à l'environnement. Certains ont un effet positif fort sur nos émotions et d'autres peuvent nous rendre nostalgiques. Ainsi, l'herbe coupée, au printemps, a une connotation d'espoir et de renouveau. La senteur douce d'un brin de lavande ou les notes entêtantes des roses poussant près de la maison rappellent quant à elles la langueur des jours d'été.

Essayez de définir les odeurs qui vous rendent heureux, vous calment ou vous stimulent, et cherchez dans les jardins les plantes qui suscitent chez vous ces émotions. Elles demandent en général le plein soleil, et c'est là qu'il faut les installer. Quant aux espèces à parfum hivernal, placez-les près de la porte d'entrée pour bien en profiter. Le parfum est une affaire personnelle : suivez votre instinct.

Associez par deux les grimpantes à fleurs odorantes, afin de profiter plus longtemps de leur parfum. Le jasmin étoilé (ci-dessus) reste décoratif toute l'année, alors que la glycine (en haut) arbore une floraison parfumée au printemps et refleurit souvent en automne. Ils demandent les mêmes conditions.

Espacez les dalles et plantez entre elles une tapissante aromatique, qui libère ses arômes lorsqu'on l'effleure en passant.

Dans les joints des dalles, plantez des tapissantes, comme la camomille ou le thym rampant.

Par MATT KEIGHTLEY

Maîtrisez le pouvoir de la couleur

Utilisez la palette des couleurs des plantes pour créer une composition stimulante, ou apaisante et rafraîchissante.

Les couleurs ont un effet sur les émotions. Interrogez-vous sur la manière dont vous allez utiliser votre jardin et sur ce que vous en attendez sur le plan psychologique, et créez vos compositions végétales sur cette base. Les couleurs fortes, des rouges, des oranges et des jaunes intenses, sont stimulantes et dynamisantes, si vous souhaitez recharger vos batteries. Mais les teintes pâles et les verts sont relaxants, apaisants et parfaits pour un coin de pleine conscience.

COULEUR ET HUMEUR

Il est prouvé que la couleur a un effet sur nos émotions. Mais des recherches en cours montrent que ce n'est pas seulement la couleur, ou la teinte, qui peut transformer notre humeur. En 2017, une étude allemande a en effet établi que notre réaction émotionnelle aux couleurs est influencée par trois facteurs : la teinte (couleur vraie), la saturation (intensité ou pureté) et la luminosité (degré de lumière réfléchie). Ainsi, les participants ont ressenti plus d'émotions face aux couleurs brillantes et saturées qu'aux couleurs sombres à saturation faible ou moyenne. Vous pouvez donc influencer votre humeur par des combinaisons de couleurs. Cultivez un mélange de plantes pour obtenir un effet adoucissant ou excitant, et utilisez des couleurs pour créer des points focaux. Référez-vous à la roue chromatique (ci-contre) pour concevoir la palette de votre espace.

La **RHS** diffuse un nuancier de **920 couleurs, correspondant** à des **fleurs**, des **feuillages** et des **fruits**, pour aider le jardinier à choisir sa **palette**.

Au jardin, les couleurs saturées et lumineuses sont les plus vives et sont considérées comme les plus stimulantes à contempler.

Les compositions de couleurs plus pâles, moins « pures », dans les tons mauves, associées au feuillage vert clair, créent un effet apaisant.

La roue chromatique

Cette roue illustre les relations entre les couleurs. Les trois couleurs **primaires** (rouge, jaune et bleu) sont des couleurs pures, que l'on ne peut obtenir par des mélanges ; elles sont équidistantes sur la roue. À l'opposé de chacune d'elles se trouvent les couleurs **secondaires** (vert, orange et violet), obtenues par mélange de deux primaires. Les couleurs **tertiaires** sont des mélanges des couleurs primaires et secondaires adjacentes.

En combinant une couleur primaire avec sa couleur opposée (complémentaire), vous obtenez un fort contraste, alors qu'avec trois couleurs espacées régulièrement sur la roue, l'effet produit est vibrant, mais plus atténué. Et pour créer un effet harmonieux, choisissez des couleurs adjacentes sur la roue.

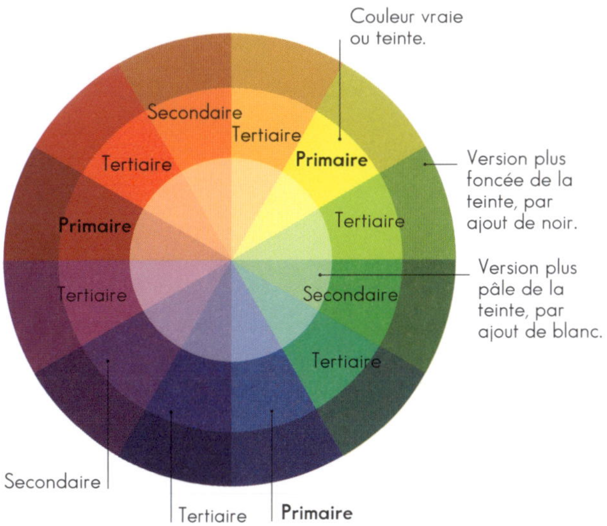

DES COULEURS POUR STIMULER

Combinées, les teintes chaudes (rouge, jaune et orange) apportent de l'intensité et de l'énergie au jardin, surtout quand elles sont lumineuses et saturées. Elles donnent l'impression d'un espace plus petit et intime.

Des oranges et des rouges éclatants

Le regard est attiré par ces couleurs stimulantes, surtout le rouge, excitant. Pour harmoniser le rouge et le jaune avec le reste des plantations, utilisez des couleurs secondaires ou adjacentes de la roue, ainsi que des nuances de vert. Dans les grands espaces, créez des points focaux rouges derrière une couleur plus froide, comme le vert, pour « rapprocher » l'arrière-plan. De même, une couleur chaude attire l'attention sur une zone donnée. Le rouge et l'orange, au premier plan ou en groupes répartis dans un massif, permettent aussi d'attirer l'œil.

Des jaunes brillants

C'est subjectif, mais, pour beaucoup, le jaune pur évoque des impressions heureuses. Utilisez-le pour rehausser la verdure des pelouses ou des feuillages, et, pour créer du contraste, associez-le à sa complémentaire, le violet. Trop de jaune pur peut être oppressant ; pour l'adoucir, associez-le à d'autres nuances de jaune ou à des verts et des blancs.

Pour donner davantage de profondeur et une belle harmonie d'ensemble à une composition monochrome, par exemple rouge, utilisez différentes nuances de la couleur.

Couleur et émotions

Aimer ou détester une couleur est un sentiment parfaitement subjectif. Cependant, certaines appréciations semblent universelles. Ainsi, selon la théorie de la valence écologique, on aime le bleu parce que le ciel clair et l'eau pure exercent un attrait universel, alors que le brun, associé à la nourriture avariée, provoquerait plutôt un franc dégoût. Le vert, couleur du monde végétal, est plébiscité par toutes les civilisations et associé à des notions d'apaisement, de calme et de bien-être (voir p. 106-107).

Associez des opposées sur la roue chromatique, comme le jaune et le violet, pour créer un vibrant contraste.

Pour créer une scène forte, associez trois couleurs régulièrement espacées sur la roue, et adoucissez-les par des nuances pâles, peu saturées.

DES COULEURS POUR APAISER

Pour le calme et la relaxation, les couleurs froides de la roue sont recommandées : le bleu, le violet, le bleu violacé (du violet avec plus de bleu que de rouge), le blanc et le vert. Avec le gris argenté des feuillages, comme ceux de l'armoise et de la santoline, ce sont les couleurs typiques des jardins d'aromatiques méditerranéennes. Elles ont toutes un effet rafraîchissant.

Les bleus et les verts pâles se fondent dans l'arrière-plan. On les utilise dans les petits jardins pour donner une impression de profondeur et d'espace. Des taches de blanc viennent éclaircir et rafraîchir la composition avec, par exemple, des fleurs de haute stature qui dominent les autres plantes.

Relaxation en bleu

On donne de l'unité à une composition végétale avec des dominantes bleu clair, à l'effet calmant et relaxant. Introduisez des tons plus foncés avec des plantes dressées (agapanthe, sauge, iris), pour ponctuer l'ensemble sans briser l'harmonie. L'association du bleu et de l'orange, sa couleur complémentaire, est plus tonique et peut servir de transition entre des compositions stimulantes et apaisantes.

Du côté des violets

Chez les fleurs, le violet compte beaucoup de nuances, du violet clair de la grande pervenche et de la nepeta au violet très foncé de certains iris. Mais cette couleur est difficile à utiliser dans un massif, surtout à l'ombre. Il faut donc l'éclairer et la mettre en valeur avec des plantes au feuillage jaune acide ou des fleurs blanches. Autre solution : placer les fleurs violet foncé près d'un banc pour admirer leur beauté obscure. Dans un massif, associez plusieurs tons de violet pour donner de la profondeur et de l'intensité, et rendez plus intéressante la composition en multipliant les formes des fleurs et des feuillages.

Le charme du rose

Dans une composition végétale, l'association de couleurs proches dans la roue chromatique permet d'obtenir de belles harmonies. Dans un jardin romantique, on associe le rose avec des violets et des bleus et on éclaire joliment un massif avec du rose pâle, par exemple celui des pivoines et des roses. Des roses plus lumineux et plus saturés, comme le magenta des fleurs du géranium d'Arménie et du bergénia, sont nettement plus chauds et tout indiqués pour effectuer une transition entre des teintes froides et une composition stimulante.

Dans un petit jardin, donnez une impression d'espace en plaçant dans les fonds des couleurs atténuées, comme les bleus violacés et les verts.

Pour que les couleurs sombres se détachent bien sur une composition, associez-les à des feuillages vert pâle et argentés.

Réchauffez une harmonie de couleurs proches, par exemple des tons de violet avec quelques pointes de rose.

Une association de bleu et d'orange, couleurs complémentaires, est une bonne transition entre des massifs aux tons chauds et froids. Pour l'adoucir, utilisez un orange pâle.

Pour qu'une composition monochrome soit réussie, il faut introduire de la variété dans le port des plantes, ainsi que dans la forme et les dimensions des feuilles.

Paisibles verts

Le vert, considéré comme une couleur neutre, se marie bien avec toutes les teintes, mais, quand on conçoit un jardin, on a tendance à l'oublier. Cette couleur est plébiscitée comme la plus reposante, et il faut en tenir compte pour les lieux où vous souhaitez susciter un sentiment de calme.

Il existe un grand nombre de nuances, du bleu-vert des feuillages méditerranéens au vert foncé des arbustes persistants de haies, comme l'if et le houx, en passant par les vert-gris et les vert-jaune des floraisons printanières, comme celle des euphorbes. Mettez à profit cette variété de tons plus ou moins lumineux et saturés pour créer des compositions à dominante verte. Jouez sur les formes, les textures et la taille des feuilles. Les espèces à grandes feuilles donnent une impression d'espace dans les petits jardins, et les persistantes assurent de la verdure toute l'année.

Du vert pour l'ombre

Beaucoup de plantes à feuillage décoratif sont adaptées à l'ombre, où elles constituent la structure végétale. Le vert brillant des arbustes et des vivaces à feuilles vernissées attire le regard et capte le moindre rayon. Les plantes d'ombre sont souvent spectaculaires, avec de grandes et belles feuilles, tels le rodgersia (en sol humide) et les fougères arborescentes. Créez du relief avec des contrastes de formes en associant des espèces en touffes et des plantes érigées. Vous pouvez aussi rehausser la composition avec des groupes de fleurs blanches ou crème, qui se détachent au soleil couchant sur le fond vert devenu indistinct. À mi-ombre, pour éclaircir les massifs et introduire des contrastes marqués, cultivez des plantes à feuillage panaché, en particulier de blanc, de crème ou de jaune d'or.

Du vert pour l'équilibre

Les arbustes de haies et à feuillage décoratif, comme l'if et le laurier, constituent un fond sombre pour des couleurs vives, alors qu'une surface en pelouse équilibre les plantations qui l'entourent. Dans les massifs riches en couleurs contrastées ou complémentaires, les plantes à feuillage apportent de la cohésion. Elles peuvent constituer aussi des points focaux qui reposent l'œil entre des compositions plus colorées. À la campagne, elles relient le jardin et l'environnement végétal, unifiant ainsi le paysage en gommant les limites.

Les plantes à feuillage panaché créent du contraste et éclaircissent une composition en introduisant des nuances souvent délicates, comme ici ces hostas.

Les contrastes de formes et de hauteurs apportent un intérêt visuel et de la netteté, tandis que les fleurs blanches se détachent bien sur un fond vert.

CHRYSANTHÈME
(*Chrysanthemum* 'Anastasia Green')

UNE EXPLOSION DE COULEURS

Ce bel ensemble estival associe des couleurs adjacentes dans la roue. Les iris rouge pâle, la molène de Phénicie, le cirse à fleurs de chardon se marient harmonieusement à la mélique et aux cheveux d'ange jaune d'or, au fenouil bronze à frondes fines et au grand boucage rose clair.
Création de Matt Keightley.

Les vertus vivifiantes de l'eau

Rafraîchissante et apaisante dans un jardin, l'eau fascine, éclaire et réfléchit la lumière.

Le bleu des pièces d'eau, comme le vert des feuillages, revigore, requinque et efface le stress. Une fontaine jaillissante, un couloir d'eau discret, une mare bucolique créent un point focal qui vous apporte toute l'année calme et charme. Pour bénéficier ainsi des vertus de l'eau, il n'est pas nécessaire de disposer de grands espaces. Une simple vasque invite à la méditation et vous procure du bien-être.

AU BORD DE L'EAU

Il est scientifiquement prouvé que vivre au bord de l'eau a un effet positif sur la santé. Ainsi, une étude britannique, menée sur le long terme et publiée en 2013, montre que la population littorale est en bien meilleure condition physique et mentale que les habitants continentaux.

D'autres recherches ont établi que l'on vit plus heureux et en meilleure santé près de l'eau - la mer, mais aussi les lacs et les rivières. En 2017, 35 études, réalisées dans différents pays, ont conclu à un rapport direct entre le temps passé près de l'eau et les bénéfices engrangés sur le plan mental et physique.

Il suffit d'avoir un décor aquatique dans son jardin pour s'en rendre compte. Ce peut être une mare, ou une simple vasque, qui crée des reflets, accroche la lumière et donne au lieu une tout autre dimension. Mais l'eau vive d'une fontaine jaillissante ou d'un couloir d'eau envoûte, apaise et attire le regard dès qu'on l'entrevoit dans la végétation. En outre, son murmure cristallin peut masquer les bruits extérieurs importuns (voir p. 38).

Selon une étude de 2003, contempler l'eau **calme** est **apaisant** et l'eau qui **jaillit**, ou **ruisselle**, **tonique**.

Une étude de 2015 montre que l'on préfère les **sons des ruisseaux naturels** à ceux des **fontaines** et des **cascades**.

Les **apparences** comptent : des études ont prouvé que les **décors aquatiques** sont perçus comme plus **vivifiants** lorsqu'ils ont l'air **naturel**, avec, par exemple, une forme **organique** et de la **verdure** sur leur bord.

Une recherche de 2007 a établi que le **mode de ruissellement** est important – un flux **constant** peut susciter la **lassitude** et, avec le temps, **atténuer** l'effet **revigorant** de l'eau.

Selon une étude de 2012, le son de **l'eau en mouvement relaxe** et **endort**, parce que son **intensité** monte et descend de manière **douce**. Il s'agit donc d'un bruit **attirant**, capable d'en masquer d'autres, plus **brusques**, qui déclenchent une réaction d'**alarme**.

DÉCORS AQUATIQUES DU BIEN-ÊTRE

Même si le jardin est très petit, il y a sans doute de la place pour une vasque. Simplement posé au sol ou encastré, ce petit bassin reflète le ciel et les plantes environnantes, et son miroir pousse à la contemplation. Vous pouvez aussi placer une petite vasque sur une table, ou un socle, où quelques jolis pétales, flottant à la surface, introduisent de charmantes couleurs.

Mais le décor est plus impressionnant si la surface de l'eau est vaste. Avec un fond de couleur sombre, l'effet miroir est beaucoup plus net. Vous pouvez l'accuser encore avec un colorant noir non toxique, qui évite en outre la prolifération des algues et donne une impression d'eau profonde.

Choisissez une vasque adaptée au style de votre jardin. En cuivre ou en acier inoxydable ou autopatinable, elle convient à un décor contemporain ou formel, alors que la pierre et la céramique s'accordent à un jardin champêtre.

Changez l'eau régulièrement pour qu'elle reste claire, et préférez l'eau de pluie, sans traitement. Pour garder l'eau propre, et pour entendre un murmure apaisant en la laissant circuler, installez une pompe hydraulique, solaire de préférence, afin d'économiser l'énergie. Sur certaines vasques, l'eau s'écoule doucement du bord, pour se déverser dans un réservoir caché, ce qui crée un rideau d'eau permanent et fascinant (voir p. 74). Il existe aussi des systèmes pour créer des ondes, des tourbillons ou des bulles, qui ajoutent encore à la magie.

Calme et sérénité

Un couloir d'eau apporte une impression de paix et de repos (voir p. 114). Ce long bassin peut être fait en pierre ou en brique dans un jardin informel, ou encore en ardoise et en acier, avec des lignes nettes, dans un décor contemporain. Dans un petit jardin, un couloir droit exploite mieux l'espace. Dans un grand, une forme sinueuse,

Un petit espace peut accueillir un décor aquatique qui comblera la vue et l'ouïe de plaisir. Ici, une pompe en circuit fermé, sur une vasque, anime un petit jet d'eau rafraîchissant.

De l'eau qui tombe et des feuillages créent un environnement apaisant. Les nénuphars, très décoratifs, attirent aussi la faune sauvage.

Les touffes de feuillages contrastent avec les lignes droites et nettes de ce couloir d'eau.

plus naturelle, permet de masquer en partie le décor et incite le visiteur à l'exploration.

Pour un esprit fatigué, le bruit doux et cristallin d'un couloir d'eau a le pouvoir apaisant d'un véritable ruisseau. Pour que son eau coule naturellement, il doit être établi sur un terrain légèrement en pente. Recouvrez son fond d'un matériau lisse, par exemple des dalles en pierre sciée ou en acier, adaptées à un style contemporain, ou faites de galets ou de pierres clivées, sur lesquelles l'eau fait entendre un clapotis discret.

À l'extrémité du couloir, l'eau peut être dirigée vers un réservoir, où elle est pompée jusqu'au plus haut point de la pente. Elle peut aussi tomber dans un bassin ou une vasque, avec un joli babil de cascade qui peut masquer les bruits importuns du dehors (voir p. 38). Dissimulez cette partie du jardin par des plantes, pour introduire un élément de mystère.

Les reflets des feuillages sur le miroir d'une vasque donnent une impression d'espace et créent une atmosphère paisible.

Un décor aquatique trouve sa place dans les lieux exigus, comme le balcon, la terrasse ou la courette, sous la forme d'une simple vasque.

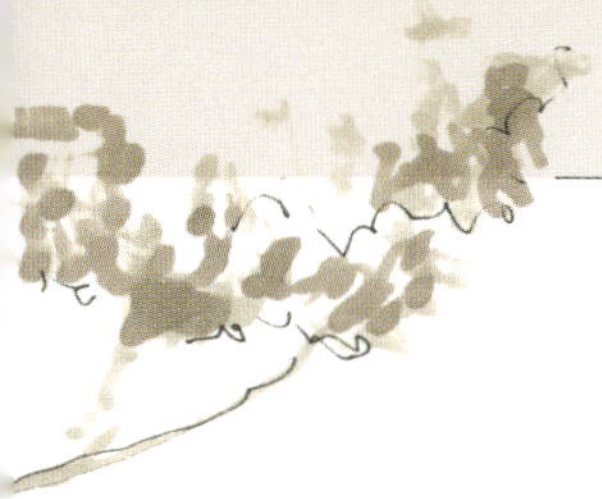

Par MATT KEIGHTLEY

Créez votre jardin d'eau

L'eau apporte beaucoup au jardin. Elle lui donne d'abord une magie, une touche de mystère, et l'égaie de mille façons, en reflétant la lumière du soleil, en se ridant d'ondes légères sous le vent et en répandant des notes cristallines de cascade qui étouffent les bruits importuns du voisinage.

L'eau a également le pouvoir d'introduire dans le jardin la vie, la vraie, c'est-à-dire la faune sauvage. En effet, comme par miracle, elle attire des myriades d'oiseaux, d'abeilles et d'insectes. Il existe de nombreux décors aquatiques, pour les petits jardins comme pour les grands, conçus pour produire tel ou tel effet. Mais tous créent une atmosphère de détente qui transforme votre coin de verdure en sanctuaire privé.

Les grandes feuilles du gunnéra contrastent avec les lignes géométriques du couloir d'eau.

La présence de l'eau permet d'introduire des plantes de rive (à droite), comme l'iris de Sibérie 'Pansy Purple', planté ici devant le pin mugo.

Pour renforcer l'effet miroir de la surface d'un bassin, recouvrez le fond d'une bâche noire ou de dalles foncées, ou teintez l'eau avec un colorant noir non toxique.

Le pouvoir relaxant des chants d'oiseaux

Il est prouvé que les chants d'oiseaux ont un effet apaisant et peuvent aider à surmonter le stress.

On sait que les chants d'oiseaux ont un pouvoir apaisant. C'est peut-être parce qu'ils évoquent des associations positives, comme la belle nature et la verdure. Certains sont plus vivifiants, mais il est préférable d'écouter un concert d'espèces variées plutôt qu'un solo, un chant unique. Pour chasser le stress de votre tête et de votre jardin, attirez des hôtes ailés en leur fournissant nourriture, abris et lieux de nidification.

LES RAISONS D'UN EFFET APAISANT

Les bruits naturels, notamment celui de l'eau qui coule et les chants d'oiseaux, ont un effet revigorant. Pour une étude suédoise, des volontaires ont accompli des tâches stressantes et, après chacune d'elles, ont écouté un son particulier (trafic automobile, ventilation, clapotis d'une fontaine et gazouillis d'oiseaux). Le niveau de stress a été évalué par la mesure de la conductivité électrique de la peau, liée à de légères variations de l'activité des glandes sudorales. Et c'est à l'écoute des bruits naturels que le niveau de stress est retombé le plus rapidement.

Une histoire partagée

Pourquoi apprécie-t-on le chant des oiseaux ? Curieusement, les voies cérébrales de l'apprentissage local sont similaires chez l'homme et l'oiseau. De plus, ce chant a évolué parallèlement au langage humain, ce qui expliquerait la manière dont nous le percevons, et pourquoi nous l'apprécions.

Selon une autre théorie, le chant des oiseaux aurait un pouvoir calmant et relaxant grâce aux associations, généralement positives, qu'il suscite. Des enquêtes ont montré qu'il évoque la verdure, la nature ou les jardins, par temps doux, par une chaleur

La mésange bleue est l'un des oiseaux les mieux classés pour le pouvoir revigorant de son chant.

printanière ou estivale, ou encore à une heure particulière, notamment à l'aube. Les participants ont aussi mentionné des activités extérieures, comme marcher dans la campagne ou se détendre au jardin. Pour beaucoup, ce chant est également lié à des souvenirs heureux, par exemple à des jeux d'enfants dans la verdure.

Jamais trop !

Parmi tous les chants d'oiseaux, on apprécie surtout ceux à voix multiples. En 2014, une étude suédoise a demandé à des citadins de noter des images de sites urbains, accompagnées ou non de chants. Les meilleures notes ont été attribuées aux sites illustrés de chants dont des sites associés à des chants de plusieurs espèces d'oiseaux.

Les chants d'oiseaux les plus revigorants

Pour une étude, on a demandé aux participants quel type de chants d'oiseaux était le plus efficace pour surmonter le stress. On leur a fait écouter les chants de 50 espèces d'oiseaux fréquentant le sud-est de l'Angleterre et la Nouvelle-Galles du Sud, en Australie.

LES PRÉFÉRÉS

Les chants perçus comme les plus revigorants ont été ceux que les participants ont reconnus, et qu'ils associaient avec la nature ou un environnement familial, notamment un jardin. Les oiseaux d'autres zones, notamment des déserts, ont été plus mal notés. Les chants mélodieux ont aussi été préférés aux cris poussés par des oiseaux menacés. Voici le palmarès :

1. **Accenteur mouchet** (*Prunella modularis*)
2. **Verdier d'Europe** (*Carduelis chloris*)
3. **Merle noir** (*Turdus merula*)
4. **Zostérops à dos gris** (*Zosterops lateralis*) (Australie)
5. **Acanthize mignon** (*Acanthiza pusilla*) (Australie)
6. **Mésange bleue** (*Cyanistes caeruleus*)
7. **Chardonneret élégant** (*Carduelis carduelis*)
8. **Rouge-gorge familier** (*Erithacus rubecula*)
9. **Troglodyte mignon** (*Troglodytes troglodytes*)
10. **Moineau domestique** (*Passer domesticus*)

UN JARDIN BERCÉ PAR LES CHANTS D'OISEAUX

Pour profiter des vertus des chants d'oiseaux et de leurs potentiels thérapeutiques, il faut les inviter en leur offrant de la nourriture, des abris et des lieux de nidification. Pour la nourriture, installez des mangeoires et cultivez une grande variété d'arbres, d'arbustes et de plantes herbacées. Le choix des végétaux, vos techniques de jardinage, et même l'organisation de l'espace, ont une importance. Beaucoup d'oiseaux communs dans les jardins sont des espèces forestières et bocagères, mais il n'est pas besoin d'un grand espace pour les attirer : sur une terrasse ou un balcon, il suffit d'une mangeoire ou d'une station d'alimentation.

Où placer les mangeoires ?

Pour que vos mangeoires soient visitées par les oiseaux, placez-les dans un lieu :

- **Isolé** - les oiseaux craignent la proximité des humains et des animaux domestiques.
- **Ouvert** - quand ils se nourrissent, les oiseaux doivent voir venir de loin d'éventuels prédateurs.
- **Abrité** - évitez les zones de plein soleil et de vent froid.
- **À proximité d'un refuge** - un buisson permet aux oiseaux de se percher à l'abri pour s'assurer que la mangeoire est sûre, ou pour attendre leurs congénères.

Outre l'effet antistress de leur chant, les oiseaux limitent les populations de parasites. Les espèces qui se nourrissent d'invertébrés détruisent de grandes quantités de pucerons, de chenilles, de limaces et d'escargots.

Les plantes qui les nourrissent

Les oiseaux se nourrissent de plantes à graines et à fruits. Il ne faut donc pas éliminer les fleurs fanées : laissez les graines se développer, car elles permettent aux oiseaux granivores de se ravitailler tout l'hiver. Parmi les fruits, les oiseaux apprécient beaucoup les baies, notamment les rouges et les noires, qu'ils repèrent facilement.

Les plantes à fleurs attirent les insectes, comme les papillons de jour et de nuit (et leurs chenilles). Beaucoup sont des proies recherchées par les oiseaux, notamment pour leurs juvéniles, en début de saison.

Tables d'hôtes

Fournissez de la nourriture aux oiseaux, surtout en hiver, avec des mangeoires et des distributeurs à graines, qui peuvent être décisifs pour leur survie, et même faire repartir à la hausse des populations en déclin. Une étude britannique récente a montré que les mangeoires de jardin ont permis l'accroissement des effectifs de plus de 30 espèces aviaires.

Pour les nourrir, donnez-leur toute l'année des graines, des fruits secs et du riz cuit. Les boules de graisse leur apportent de l'énergie en hiver, même si certaines contiennent des ingrédients peu nutritifs, comme la balle de riz. Pour les préparer, il faut y inclure des graines et des fruits secs, qui contiennent les nutriments et les antioxydants nécessaires à la reproduction des oiseaux.

LES PRÉFÉRÉES DES OISEAUX

Outre leur caractère ornemental, les plantes donnant des baies ou beaucoup de graines fournissent de la nourriture aux oiseaux.

PLANTES À GRAINES

1 Échinacée (*Echinacea*) Les fleurs attirent les insectes, ainsi que le geai, le cardinal et le chardonneret, qui picorent les graines des infrutescences.

2 Chardon bleu (*Echinops ritro*) Les fleurs pourpres sont très décoratives et la plante est appréciée du bouvreuil.

3 Cardère sauvage (*Dipsacus fullonum*) Bouvreuils, moineaux et bruants picorent les graines de cette grande plante.

4 Onagre bisannuelle (*Oenothera biennis*) Laissez les gousses mûrir sur la plante pour attirer le bouvreuil et le tarin des aulnes.

Autres options

Aulne glutineux (*Alnus glutinosa*), pissenlit (*Taraxacum officinale*), scabieuse des champs (*Knautia arvensis*), noisetier (*Coryllus avellana*), charme (*Carpinus betula*), lavande (*Lavandula*).

PLANTES À BAIES

5 Houx (*Ilex aquifolium*) Le merle et d'autres passereaux mangent les baies en hiver.

6 Sureau noir (*Sambucus nigra*) Les baies automnales attirent notamment les bouvreuils et les rouges-gorges.

7 Sorbier des oiseleurs (*Sorbus aucuparia*) Les baies attirent les merles et les étourneaux.

Autres options :

Merisier à grappes (*Prunus padus*), prunellier (*Prunus spinosa*), chèvrefeuille des bois (*Lonicera periclymenum*), gui (*Viscum album*), mahonia à feuille de houx (*Mahonia aquifolium*).

Les arbres et les arbustes persistants sont prisés par les nidificateurs des jardins, comme les verdiers qui apprécient les conifères.

Aménagez des abris

Les oiseaux ont besoin toute l'année d'abris sûrs. Certaines espèces grégaires partagent le même arbre ou arbuste, ou la même grimpante. D'autres, tel le rouge-gorge, sont très territoriaux : si vous avez de la place, plantez beaucoup d'arbres et d'arbustes. Les grands arbres à écorce crevassée attirent des espèces forestières, comme la sittelle et le grimpereau.

Des plantes pour s'abriter

Épine-vinette de Darwin (*Berberis darwinii*), faux cyprès (*Chamaecyparis*), chalef d'Ebbing (*Elaeagnus* x *ebbingei*), aubépine (*Crataegus monogyna*), houx (*Ilex aquifolium*), lierre (*Hedera helix*), chèvrefeuille de Henry (*Lonicera henryi*), troène (*Ligustrum vulgare*)

Des lieux pour nidifier

Beaucoup d'espèces, qui nidifiaient autrefois dans les cavités des arbres et des vieux bâtiments, sont maintenant contraintes de bâtir leurs nids dans les jardins et les parcs. Installez des nichoirs adaptés (voir ci-contre). Et si vous avez de la place, privilégiez les grands arbres à branches très divisées, car leurs fourches permettent de nidifier. Dans les petits jardins, cultivez des arbustes et des grimpantes denses et ramifiés.

Les arbres, les arbustes et les grimpantes à feuillage persistant, tel le chèvrefeuille, conviennent aux oiseaux qui nidifient précocement, comme l'accenteur mouchet, le merle et le verdier : ces oiseaux peuvent y dissimuler leur nichée hors de la vue des prédateurs. Les plantes à feuillage caduc sont appréciées des nidificateurs plus tardifs, comme le pinson et la grive musicienne. Les arbustes touffus et épineux, comme l'aubépine et l'épine-vinette, forment aussi de bons abris. Mais ne les taillez pas en période de nidification.

L'aubépine attire les oiseaux, notamment le merle, qui se nourrit des baies et trouve refuge parmi les branches épineuses.

Pour attirer chez vous des oiseaux comme la mésange charbonnière, placez le nichoir à l'abri du soleil direct et des vents dominants.

Choix des nichoirs

Un nichoir permet aux oiseaux de se percher en hiver et de nidifier au printemps. Il faut le choisir en fonction de l'espèce à laquelle il est destiné. Certaines, comme le troglodyte, veulent des nichoirs cachés dans les arbres, les arbustes ou les grimpantes, alors que d'autres, comme le moineau domestique, acceptent les lieux ouverts. Construit par vos soins ou acheté, un nichoir doit être étanche et fait d'un matériau isolant, comme le bois ou le béton de bois, avec un toit ouvrant pour le nettoyage annuel. Le trou doit se situer à 13 cm minimum du bas du nichoir, pour que les prédateurs ne puissent pas l'atteindre.

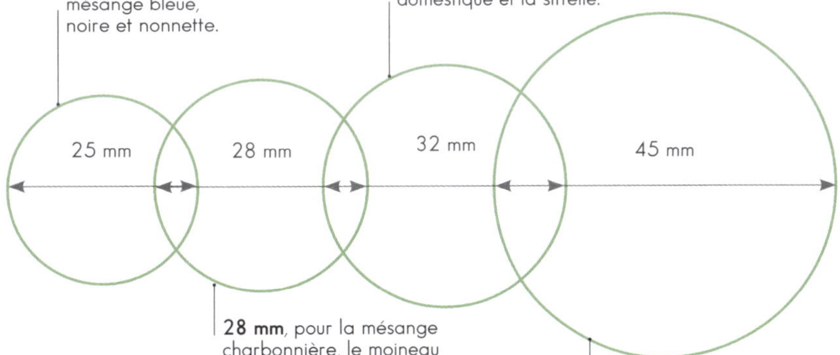

LE DIAMÈTRE DU TROU DU NICHOIR

Ce schéma indique le diamètre à respecter pour le trou, en fonction de l'espèce d'oiseau appelée à s'installer dans le nichoir.

La terre vous fait du bien !

La terre du jardin est peuplée de microbes bénéfiques qui peuvent renforcer naturellement le système immunitaire.

Ce n'est plus à prouver : le jardinage est bon pour la santé. Des études montrent en effet que le contact avec la terre nous expose à des organismes microscopiques qui s'y trouvent et qui sont bénéfiques pour de nombreuses fonctions de l'organisme humain, comme le système immunitaire. Ces précieux microbes ont la bonne idée de pulluler, ce qui nous permet d'entrer facilement en contact avec eux. Encouragez donc toute la famille à mettre les mains dans la terre pour en tirer tous les avantages possibles sur le plan de la santé.

LES MICROBES ET NOTRE IMMUNITÉ

Notre système immunitaire fonctionne comme un logiciel que l'on doit nourrir de données. Ces données sont des microbes qui lui permettent de faire le tri entre les menaces et les bénéfices pour l'organisme. Cet ensemble héberge en effet des milliards de microbes, qui forment une faune, le « microbiome humain ». Celui-ci se constitue par l'exposition permanente à des microbes, ce qui explique pourquoi l'adulte a d'ordinaire un meilleur système immunitaire que l'enfant. Mais la vie moderne réduit les contacts avec ces microbes bénéfiques, ce qui favorise des maladies auto-immunes comme l'asthme et l'allergie.

Des études font le lien entre l'inflammation chronique, due à une faible immunité, et la dépression et d'autres troubles mentaux. À l'heure où la santé mentale des jeunes est un sujet de préoccupation, l'effet positif des microbes bénéfiques est porteur d'espoir. Ainsi, *Mycobacterium vaccae*, une bactérie, stimule dans le cerveau la sécrétion de sérotonine, un antidépresseur naturel.

Les microbes ? Mais encore ?

Ces organismes mono- ou pluricellulaires sont partout, y compris dans notre organisme. Certains rendent malades d'autres protègent la santé. Voici les plus connus :

- **Bactéries.** Elles comptent parmi les microbes les plus nombreux.
- **Virus.** Ils infectent nos cellules, causent des maladies et ravagent d'autres microbes.
- ***Fungi.*** Levures, champignons et moisissures sont les plus connus de ce règne végétal.
- **Algues.** Celles du sol sont des plantes microscopiques, essentielles à la fertilité.
- **Protozoaires.** Ils favorisent la décomposition, mais peuvent causer des maladies.

La théorie des vieux amis

Selon une théorie, l'humain a évolué avec d'anciens microbes, ou vieux amis, qui ont formé son système immunitaire à combattre les infections et à tolérer des allergènes inoffensifs. Mais l'excès de prises d'antibiotiques, l'alimentation pasteurisée et la pratique de plus en plus rare des jeux extérieurs ont entraîné une moindre exposition à cette catégorie de microbes. Selon des chercheurs de la British Royal Society for Public Health (RSPH), l'exposition aux bonnes bactéries depuis le plus jeune âge favorise un microbiome sain, à condition de respecter une hygiène adaptée : se laver les mains régulièrement et porter des gants en cas d'égratignures ou de sol douteux. Des études établissent un lien entre exposition précoce de l'enfant aux microbes du sol et de la nourriture et niveau immunitaire élevé chez l'adulte - une bonne raison pour sortir biner avec les enfants !

Un contact régulier avec la terre peut renforcer votre système immunitaire en augmentant votre exposition à de nombreux microbes bénéfiques.

Des antibiotiques sous nos pieds

Pour la science, de nombreux microbes jouent un rôle important en tant qu'antibiotiques. La pénicilline, une grande découverte de la médecine, vient du pénicillium, un champignon du sol ; et la vancomycine est constituée d'une bactérie présente dans l'humus. Alors que la résistance aux antibiotiques va croissante, les recherches sur la terre ouvrent des perspectives, comme le développement d'un nouvel antibiotique, la teixoabactine, issu de la culture d'*Eleftheria terrae*, une bactérie efficace contre *Staphylococcus aureus*, une autre bactérie résistante aux médicaments, à l'origine de nombreuses maladies, et *Mycobacterium tuberculosis*, responsable de la tuberculose.

POUR RENFORCER VOTRE IMMUNITÉ, BÊCHEZ ET BINEZ !

Un seul mot d'ordre : toute la famille au jardin pour planter, sarcler et désherber, afin de renforcer son système immunitaire par le contact avec les microbes bénéfiques du sol. C'est une bonne idée que de confier une petite parcelle aux enfants, pour qu'ils sèment et plantent eux-mêmes. À défaut de jardin, ils peuvent cultiver des plantes en pot, sur un balcon comme à l'intérieur.

Créez votre potager

Produire ses fruits, ses légumes et ses aromates est un plaisir et une fierté. Cultiver avec les enfants permet de leur apprendre d'où vient ce qu'ils mangent et de les encourager à consommer davantage de fruits et de légumes. Choisissez des fruits et des légumes à croissance rapide (voir ci-dessous), car les enfants se lassent vite. Cultivez-les dans un coin du potager ou parmi les fleurs. Si vous manquez d'espace, limitez-vous à une ou deux espèces, par exemple la tomate et la fraise, décoratives en suspension. À l'intérieur, près d'une fenêtre ensoleillée, cultivez des aromatiques, et conservez-les compactes en les rabattant souvent.

Sept fruits et légumes faciles

- **Mini-carottes** Très **faciles** et délicieuses.
- **Radis** Bons à consommer en quelques semaines.
- **Roquette et mesclun** Tendres et **rafraîchissants**, à cueillir feuille à feuille.
- **Pois et haricots nains** À récolter et à croquer crus sur pied ; faciles à réussir en pot.
- **Tomate et fraise** Si la place manque, choisissez des variétés pour suspensions.

Laissez libre cours à votre imagination ! Utilisez des contenants colorés, comme des bottes, pour inciter vos enfants à faire pousser des légumes et fruits frais dans le jardin.

Les bleuets sont faciles à cultiver et attirent des nuées de papillons tout l'été. Semez les graines au printemps.

Cinq fleurs pour les abeilles et les papillons

- **Lavande** (*Lavandula*) Un véritable aimant à abeilles et à papillons, au parfum apaisant.
- **Bleuet** (*Centaurea cyanus*) Une fleur sauvage fréquentée par les abeilles et les papillons.
- **Ciboulette** (*Allium schoenoprasum*) Les fleurs produisent du nectar pour les pollinisateurs et sont comestibles comme les feuilles.
- **Véronique arbustive** (*Hebe*) Arbuste persistant rustique à longue floraison, producteur de nectar.
- **Arbre aux papillons** (*Buddleja*) Arbuste facile à cultiver, dont les grappes florales attirent les papillons tout l'été.

Agissez pour la faune

Tout en vous exposant aux microbes bénéfiques de la terre, favorisez la faune sauvage, en particulier les insectes qui pollinisent les fleurs, en préparant des bombes de graines : au début du printemps, pétrissez des boules de terre argileuse avec du compost et un peu de farine de blé, puis roulez-les dans des graines de fleurs, avant de les laisser sécher. Lancez vos bombes dans les massifs désherbés ou sur la pelouse (qu'il ne faudra plus tondre). Les graines vont germer et les fleurs s'épanouir !

Les enfants aiment toucher la terre et sont fascinés par les petites bêtes qui y vivent. Proposez-leur de créer un lombricomposteur. Coupez le fond et le goulot d'une bouteille en plastique, et enfoncez-la dans la terre d'un pot. Remplissez-la de couches alternées de terre humide et de sable. Ajoutez des herbes sur le dessus et introduisez quelques vers de terre. Les enfants verront que les lombrics transportent la matière végétale vers le bas et qu'ils mélangent les différentes couches, jouant le rôle d'aérateurs du sol.

Les enfants adorent regarder les vers de terre en action dans un composteur. Après 8 à 15 jours, remettez les lombrics dans le jardin, avec le compost.

Le jardinage, mieux que la gym !

Les recherches montrent que l'exercice est plus profitable dans la nature qu'à l'intérieur, et que le jardinage est un des meilleurs moyens de garder la forme.

Le jardinage fait du bien, maintient en forme, accroît la force musculaire et la densité minérale osseuse et diminue le taux de cholestérol, l'hypertension et la mortalité prématurée. Et, bonne nouvelle, selon une recherche récente, l'exercice physique est encore meilleur pour la santé quand il est pratiqué à l'extérieur, dans un environnement naturel.

LE GRAND AIR EST BON POUR LA SANTÉ

L'exercice dans la nature stimule une enzyme, la télomérase, qui favorise la régénération de l'ADN de nos chromosomes et peut prévenir les maladies de l'âge. Des segments d'ADN, les télomères, se forment à l'extrémité des chromosomes. Ils préviennent les dégâts de l'ADN, tout en permettant aux cellules de se diviser sans perte d'informations génétiques. Le raccourcissement des télomères est lié à l'âge. Pour renouveler le sang, les os, la peau et d'autres organes, les cellules se divisent, mais cela entraîne un raccourcissement des télomères, jusqu'à ce que les cellules ne puissent plus se diviser et deviennent inactives ou meurent.

La nature a un effet délassant, et c'est pourquoi nous consacrons volontiers plus de temps à jardiner qu'à faire de la gymnastique.

> Selon une étude, l'allongement des **télomères** pourrait **accroître** de **5 ans** la **vie** d'un être humain.

Il semble que la télomérase allonge les télomères et maintient les cellules en bon état, ce qui est bénéfique pour la santé et diminue le risque des maladies comme la démence et le cancer. Mais quel rôle le jardinage peut-il jouer dans ce processus ? Il s'avère que l'exercice en plein air a un effet revigorant sur le cerveau (voir p. 70-73), réduit le taux de stress et augmente apparemment le taux de télomérase plus que l'exercice en salle.

LES TÉLOMÈRES RACCOURCISSENT AVEC L'ÂGE

Les chromosomes sont présents dans presque toutes les cellules vivantes. Ils supportent l'information génétique sous forme de gènes. Avec l'âge, les télomères raccourcissent et la division cellulaire peut cesser.

Le jardinage, comparé aux autres formes d'exercice

Le jardinage peut être plus exigeant physiquement que d'autres formes d'exercice, comme le yoga et la gymnastique. Il consomme la même quantité d'énergie qu'une demi-heure de badminton, et le bêchage est équivalent à une marche rapide. Le jardinage augmente la force musculaire et la souplesse, et il fait travailler aussi les articulations.

EXERCICE D'UNE DURÉE DE 30 MINUTES

Activité	Calories brûlées pour une personne de 70 kg
Jogging : 8 km/h	298
Cyclisme : 19-22 km/h	298
Danse : rapide, classique, twist	223
Marche : 7 km/h	186
Bêchage	186
Badminton	167
Jardinage : en général	167
Gymnastique	149
Stretching, yoga	149

LES BONNES TECHNIQUES DE JARDINAGE

Dans le jardinage, que ce soit en bêchant, en désherbant, en plantant ou en tondant, tout le corps travaille. Beaucoup de muscles sont actifs, et le cœur doit suivre. En outre, l'organisme libère des hormones qui favorisent la croissance musculaire et augmentent le métabolisme, ce qui brûle des graisses. Toutefois, avant de jardiner, il faut pratiquer un échauffement et ne pas travailler trop longtemps pour éviter les accidents : en cas de défaillance musculaire ou de perte d'équilibre, on risque le claquage et la chute.

Prenez des forces

Renforcez vos muscles et améliorez votre équilibre en pratiquant d'autres formes d'exercice, comme le yoga, le Pilates, la danse ou le tai-chi.

Au début du printemps, ne jardinez pas plus d'une heure et demie, puis un peu plus chaque semaine, quand la saison s'avance. Un échauffement préalable est nécessaire : une marche rapide de 10 minutes élève la température corporelle et réchauffe les muscles. Vous gagnez en souplesse et vous êtes moins sujet aux claquages. Après avoir jardiné, faites des étirements latéraux, mais aussi des mollets, des cuisses et des bras, pour lutter contre les claquages et les crampes.

Pour éviter tout problème, utilisez les bons outils, notamment un manche de bêche ou de fourche-bêche à votre taille, pour ne pas avoir à trop vous baisser. Pour soulever des sacs de terreau ou de gros pots, faites-vous aider. Et changez d'activité assez souvent, pour prévenir les contractures.

Des techniques adaptées

Outre l'échauffement, les étirements et le choix d'outils appropriés, il est important d'adopter les bonnes techniques, pour éviter tout risque de blessure. Il est prouvé que bêcher en prenant une mauvaise position double presque la charge sur les articulations, ce qui peut entraîner des lésions

Beaucoup d'activités de jardinage, comme le bêchage et le ratissage, constituent de bons exercices, mais il faut utiliser la bonne technique pour éviter les blessures (voir à droite).

chroniques, notamment aux épaules et au bas du dos. Des chercheurs ont mis au point une méthode simple pour jardiner sans traumatisme et sans douleur.

Passer la tondeuse à pousser pendant 30 minutes brûle autant de **calories** qu'une partie de **golf** ou une **danse de salon.**

BONNE TECHNIQUE

Pour éviter le mal de dos et les douleurs articulaires en bêchant, en désherbant, en soulevant et en portant, efforcez-vous d'adopter et de conserver une position correcte.

Le jardin nourricier

Introduction

Si vous soignez bien le sol, votre jardin vous fournira une belle récolte de fruits et de légumes, riches en nutriments, et de plantes médicinales hautement bénéfiques.

Pour jardiner, le sol a une importance majeure. Une terre bien nourrie est vivante. Elle est peuplée de nombreux organismes, microbes, champignons, insectes ou vers, qui produisent les nutriments nécessaires aux plantes et, au bout du compte, à ceux qui les consomment. Il existe bien des moyens d'améliorer la fertilité de votre terre de manière écologique, pour entreprendre vos cultures avec les meilleures chances de réussite. Toutefois, en cas de sol contaminé, vous pouvez également récolter des produits sains. Assurément, l'une des grandes satisfactions du jardinage est de produire ses légumes et ses fruits. On leur trouve en effet meilleur goût, et ils débordent en général de vitamines et de sels minéraux. Vous pouvez récolter, même si vous n'avez qu'un petit jardin, une cour ou un balcon. Ne vous privez pas de cultiver des plantes médicinales : la majorité des médicaments, anciens ou nouveaux, en dérivent. Votre jardin ou vos jardinières peuvent ainsi vous fournir en plantes à infuser et en remèdes naturels, pour guérir bien des maux.

La vie secrète d'un sol sain

Un sol fertile vous donne des plantes saines, et une armée d'organismes vous aide à lui conserver son équilibre.

La terre déborde de vie. Elle renferme un quart des espèces connues, qui recyclent des matériaux et produisent des nutriments pour les végétaux. Un sol sain contient des millions de ces petits organismes, ainsi que de l'eau, de l'air, des matières organiques et des particules minérales. Et l'alimentation de l'humanité dépend de son bon état. Or, à cause de l'érosion, les sols se dégradent de plus en plus. Selon une étude de 2006, ils disparaissent dix à quarante fois plus vite qu'ils ne se reconstituent.

LES CHAMPIGNONS, DES ENGRAIS NATURELS

Pour être saines et robustes, les plantes ont besoin de nutriments, notamment d'azote, de potassium et de phosphore. Elles les trouvent dans l'air, l'eau et le sol. Quand le sol se dégrade, qu'il manque d'air et de matières organiques, il ne retient plus l'humidité, indispensable à la vie des organismes. Les plantes meurent et l'érosion s'installe. Les engrais apportent bien des nutriments, mais ces substances chimiques inhibent certains organismes, dont les champignons, essentiels à la fertilité. Il faut donc maintenir le sol en bonne santé.

Un réseau nutritif

Certains champignons sont indispensables aux plantes. Les mycorhiziens forment des associations symbiotiques avec les racines, permettant aux végétaux d'absorber l'eau et des nutriments, comme le phosphore, et de résister à certains parasites. En échange, ces champignons reçoivent des glucides, dont ils se nourrissent. Ils forment des réseaux de filaments avec les

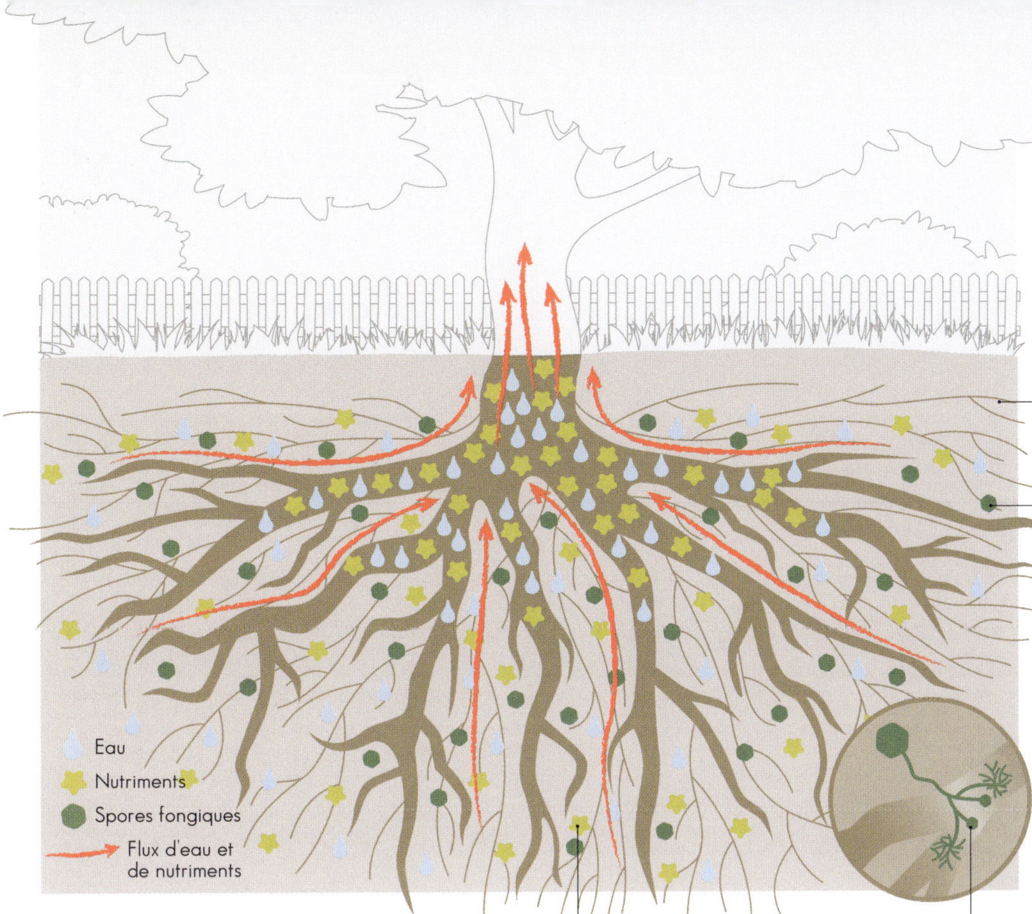

CHAMPIGNONS BÉNÉFIQUES

Les champignons ectomycorhiziens se développent autour des racines, mais les endomycorhiziens les pénètrent, produisant des filaments internes et externes qui favorisent l'assimilation de l'eau et des nutriments.

radicelles des plantes, constituant un écosystème qui maintient la structure du sol et le protège contre l'érosion. Certains champignons, dits ectomycorhiziens, ne se développent qu'autour des racines, mais la majorité, les endomycorhiziens, les pénètrent. Ce réseau peut s'étendre à plusieurs plantes voisines de même espèce, qui partagent ainsi la nourriture et peuvent même se signaler une attaque parasitaire.

On peut incorporer au sol ces champignons mycorhiziens (voir p. 136) pour aider les plantes à absorber l'eau et les nutriments. Pour améliorer la fertilité et la structure du sol, enfouissez des matières organiques (compost mûr, paillage décomposé), qui favorisent les vers de terre, et utilisez des techniques comme le non-labour (voir p. 136).

> **80 %** au moins des **espèces végétales** terrestres forment des **mycorhizes** avec des filaments fongiques.

AMÉLIOREZ VOTRE SOL

Commencez par dresser un bilan. Un sol sain, non perturbé, présente une structure en nid-d'abeilles, avec d'innombrables petits trous dus à l'activité d'une faune nombreuse qui permettent la pénétration de l'air et de l'eau. Si les vers de terre, qui exigent un substrat humide et riche en matières organiques, sont nombreux et que les plantes sont vigoureuses, avec beaucoup de fleurs et de fruits, le sol est en bon état. En revanche, des plantes avec des feuilles jaunâtres ou décolorées, des fleurs rares et un aspect chétif trahissent souvent un sol dégradé. Il faut alors prendre des mesures.

Le non-labour

Le labour consiste à retourner la terre, en y incorporant des matières organiques, comme le compost. Mais il détruit les structures des micro-organismes. Le non-labour les préserve et maintient un bon taux de carbone dans le sol. C'est une bonne pratique, qui vous évite aussi le mal de dos.

Dans les massifs comme au potager, épandez une couche de paillage biodégradable (voir ci-contre), de compost, ou encore de fumier mûr (mais pas de tourbe). Celle-ci est peu à peu décomposée par les organismes du sol, comme les lombrics. Elle étouffe aussi les mauvaises herbes, alors que le labour, qui ressort du sol les graines dormantes, favorise leur apparition. Et si des mauvaises herbes se développent, arrachez-les à la main. Le non-labour évite en partie le désherbage et l'arrosage, et permet d'obtenir de meilleurs rendements. La juxtaposition de planches de culture labourées et non labourées le prouve, les secondes donnant souvent la plus belle récolte. En outre, le paillage protège le sol, en particulier en hiver, quand les fortes pluies risquent de le lessiver.

Le labour

Si votre sol est pauvre ou n'a jamais été cultivé, il faut le labourer pour incorporer des matières organiques et qu'il retienne l'eau et les nutriments. Enfouissez une demi-brouette de matière organique au mètre carré : les plantes prendront un bon départ.

Vous pouvez acheter des champignons mycorhiziens en poudre, pour y tremper les racines des arbres, des arbustes et des vivaces à la plantation. Les engrais bio (algues, sang séché, poudre d'os) apportent aussi de précieux nutriments.

Dans un sol sain, les plantes sont plus fortes et résistent mieux aux maladies et à la sécheresse. Et une terre bien nourrie donne de plus belles récoltes.

1

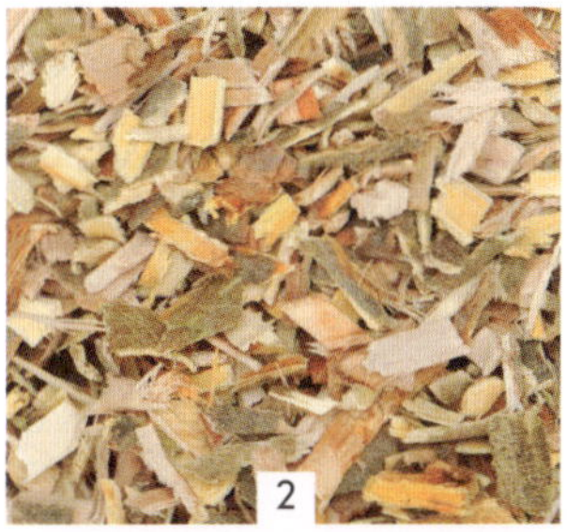
2

4

3

5

QUEL PAILLAGE ?

Les paillages biodégradables retiennent l'humidité, nourrissent le sol et ses organismes et apportent des nutriments aux végétaux. Vous pouvez les acheter, ou préparer un compost de jardin.

1 Déchets du jardin Ils se transforment rapidement en compost, riche en azote (voir p. 204-205).

2 Copeaux de bois Ils constituent un paillage de longue durée, riche en carbone.

3 Fumiers Ils apportent beaucoup de nutriments aux plantes. Toutefois, il est nécessaire qu'ils soient bien mûrs, sinon ils peuvent brûler les jeunes plants.

4 Compost de champignonnière Il convient aux sols acides, car il augmente l'alcalinité. On peut aussi l'utiliser en alternance avec d'autres paillages.

5 Compost de feuilles mortes Il est excellent pour structurer le sol et, une fois décomposé, il peut être mélangé à d'autres composts pour les semis.

Les vers de terre s'occupent de tout

Les vers de terre sont de véritables « ingénieurs de l'écosystème », car ils digèrent la matière organique pour la restituer à la terre. Leurs tunnels facilitent la pénétration des racines, de l'eau, de l'air et des nutriments dans le sol. Une étude récente a montré qu'ils améliorent de 25 % la croissance des plantes, probablement parce qu'ils libèrent l'azote fixé dans le sol. Vous pouvez acheter des lombrics pour les incorporer à la terre, avec beaucoup de matière organique, ou favoriser leur installation spontanée par des paillages et des apports de compost.

Le pouvoir dépolluant des plantes

Les sols contaminés sont néfastes pour la santé. Pour y cultiver des légumes, il faut les dépolluer.

La terre de votre jardin est-elle polluée ? La contamination des sols est un problème mondial, comme les autres formes de pollution. Mais là encore, les plantes nous viennent en aide : elles décontaminent les sols sur de vastes surfaces. Seulement le processus demande des années. Si vous voulez cultiver des légumes sans attendre, il faut donc soit remplacer la couche supérieure, soit planter dans de la bonne terre en planches de culture surélevées.

LE SOL POLLUÉ ET SES EFFETS DÉLÉTÈRES

Si vous ne cultivez que des fleurs, la contamination du sol n'est pas vraiment gênante. En revanche, pour récolter des légumes et des fruits, la terre doit être propre.

Les causes de la pollution des sols sont notamment l'industrie et l'exploitation minière, les pesticides et les intrants chimiques agricoles, les fuites des canalisations d'évacuation, les systèmes de chauffage et les feux. Les principaux contaminants des sols sont les métaux lourds, les polluants organiques persistants (POP), produits par les émissions des moteurs, la combustion des énergies fossiles et les déchets radioactifs.

Selon une étude de 2013, la présence de contaminants dans les plantes alimentaires ou dans la terre que nous touchons et respirons peut avoir des conséquences graves : cancers, troubles neurologiques et de la reproduction, faible QI, maladies des os et malformations congénitales.

Quelles solutions ?

Avant de cultiver des fruits et des légumes, testez votre terre. Utilisez un kit d'analyse, ou envoyez un échantillon à un laboratoire

LE PROCESSUS DE DÉPOLLUTION

Les plantes concentrent les toxines dans leurs tissus, les mettant hors circuit. Elles peuvent aussi réduire leur effet en les stabilisant ou en les dégradant.

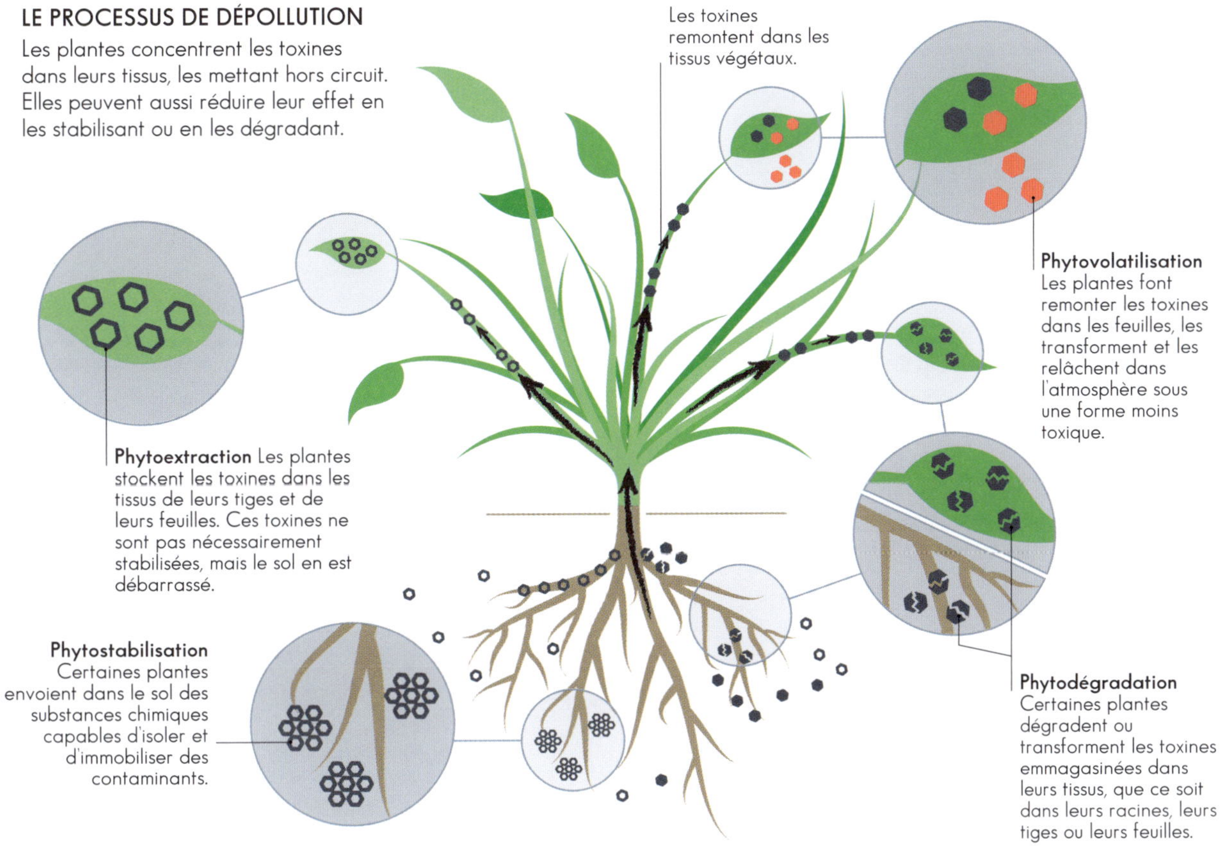

spécialisé. S'il s'avère que le sol de votre jardin est contaminé, vous pouvez remplacer la couche supérieure par de la bonne terre, sur une épaisseur de 30 à 50 cm, en la séparant de la couche inférieure par un film géothermique. Toutefois, il faut savoir que l'eau, susceptible de véhiculer des polluants, peut passer d'une couche à l'autre.

Une autre méthode consiste à utiliser de la bonne terre pour constituer des planches de culture surélevées, ou à cultiver en pot, en bac, en jardinière ou en suspension.

Les plantes dépolluantes du sol

Certaines plantes extraient les polluants du sol sans qu'elles ne souffrent de leur présence. Après les accidents nucléaires de Tchernobyl, en 1986, en Ukraine, et de Fukushima, en 2011, au Japon, on a utilisé les tournesols pour décontaminer les sols et les nappes phréatiques. On plante aussi des feuillus, notamment des saules, pour extraire les métaux lourds des sites miniers et d'anciens dépôts. Selon une étude suédoise, les saules extraient des sols, à un niveau acceptable, le zinc (en 6 ans), le nickel (en 10 ans) et le cuivre (en 15 à 50 ans). Les plantes offrent donc un moyen moins perturbant et moins cher que l'extraction et l'évacuation de grands volumes de terre pour nettoyer de grandes surfaces.

CRÉEZ DES PLANCHES POTAGÈRES SURÉLEVÉES

En cas de sol contaminé, la culture potagère en planche surélevée est une bonne solution. La terre est bien drainée, elle se réchauffe plus tôt au printemps et reste chaude plus tard en automne, allongeant la période de culture. Le désherbage est plus facile, et les personnes à mobilité réduite peuvent jardiner plus aisément.

Les planches surélevées permettent de donner au jardin un style original. Prenez en compte la configuration des lieux et l'ensoleillement, afin de déterminer l'emplacement et la forme les plus adaptés. Si vous n'avez de la place que pour une seule planche, installez-la à proximité de la maison, pour y accéder facilement. Il faut pouvoir en atteindre aisément le centre et ménager assez d'espace autour.

Pour donner du relief et de la profondeur, créez des planches de différentes hauteurs, consacrées à différentes cultures. Vous pouvez soit les grouper, soit les répartir géométriquement.

Les bons matériaux

Pour entourer et soutenir ces planches de culture, choisissez un matériau adapté à votre budget et à votre style : plessis, métal galvanisé ou d'aspect rouillé... La brique, la pierre, les poutres et les parpaings sont les plus durables. Des divisions à l'intérieur de la planche permettent de cultiver chaque espèce dans un type de sol adapté, par exemple le basilic en terre humide et le thym dans un substrat sec.

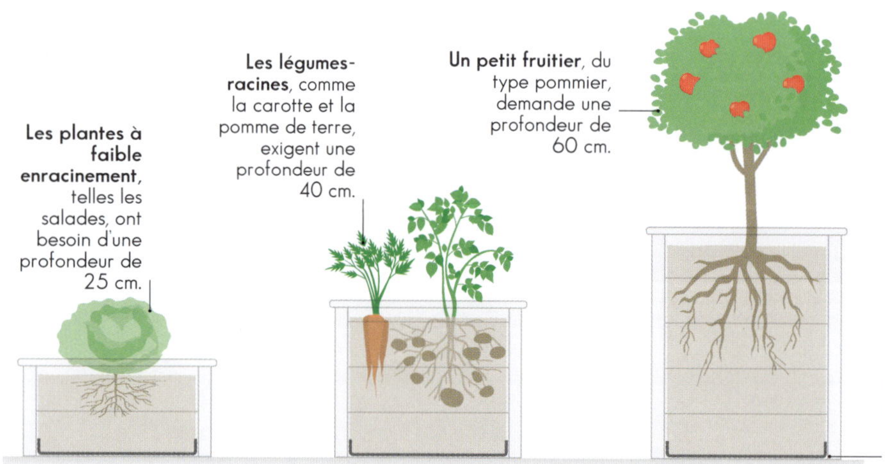

QUELLE HAUTEUR ?

La bonne hauteur, pour une planche surélevée, dépend des plantes cultivées. Elle peut être faible pour les salades, mais trois fois plus importante pour un arbre fruitier. La largeur n'excédera pas 1,5 m, pour que l'on puisse aisément accéder au centre. Sur une surface en dur, une hauteur de 60 cm est nécessaire pour un bon drainage.

Le bois, d'un prix abordable, offre de nombreuses possibilités, avec une finition rustique, naturelle ou peinte.

Avec des formes et des matériaux variés, les planches surélevées ont un caractère ornemental.

Les grands bacs de culture en métal sont économiques et adaptés à un style contemporain.

Des bacs de différentes hauteurs permettent de compartimenter les cultures et de donner à chaque espèce la profondeur de sol dont elle a besoin.

UN POTAGER SURÉLEVÉ

Très productif, ce potager est aussi un bel espace. Le long de l'allée principale, les senteurs de plantes aromatiques, comme le romarin et la lavande, apportent des notes méditerranéennes. Création de Matt Keightley.

Une armoire à pharmacie au jardin

Les plantes, utilisées depuis longtemps pour traiter les maladies, sont à l'origine de bien des médicaments modernes.

Les fleurs et d'autres parties des plantes peuvent traiter de nombreux problèmes, des brûlures aux désordres intestinaux, ou des maladies plus lourdes. Les médicaments actuels font appel à plus de 35000 plantes, et le monde végétal recèle sans doute bien d'autres vertus curatives. Dans votre jardin, cultivez vos propres plantes médicinales et une grande diversité d'espèces, notamment celles menacées d'extinction, afin de contribuer à la sauvegarde de ce patrimoine végétal.

DE PUISSANTES VERTUS MÉDICINALES

Depuis la nuit des temps, toutes les civilisations ont utilisé des plantes pour se soigner. Les composés phytochimiques sont présents dans tous les végétaux, et certains sont connus pour leurs vertus curatives depuis des millénaires. C'est ainsi que d'anciens textes mentionnent l'usage du saule contre les fièvres et la douleur. Cet arbre contient de la salicyline, un anti-inflammatoire proche de l'aspirine. Mais on découvre tous les jours de nouvelles vertus médicinales aux végétaux. Ainsi, une molécule extraite de l'if, présentant des propriétés anticancérigènes, est utilisée en chimiothérapie depuis les années 1990.

Actuellement, 40 % des médicaments prescrits viennent d'extraits de plantes ou de composés qu'elles synthétisent, et nous n'avons pas encore tout exploré ! Consacrez donc une partie de votre jardin aux plantes qui guérissent. Elles ne peuvent pas traiter toutes les maladies, mais elles sont précieuses pour soulager des troubles mineurs (voir p. 146-149).

GRANDE CAMOMILLE
(Tanacetum parthenium)
Vivace utilisée contre la **migraine**. **Des recherches, en France et en Allemagne**, ont prouvé son efficacité, mais on ignore encore **comment** elle agit.

DIGITALE
(Digitalis lanata)
Elle contient de la **digoxine**, utilisée contre certaines **maladies de cœur**, mais qui la rend aussi **potentiellement mortelle** en cas d'ingestion.

IF
(Taxus baccata)
Les **aiguilles** de l'if commun et de l'if de l'Ouest donnent du **taxol**, utilisé en **chimiothérapie**.

NARCISSE
(Narcissus)
La **galantamine**, extraite du narcisse, est utilisée pour traiter la **maladie d'Alzheimer** douce à modérée. Elle aide à réguler un messager cérébral important pour l'**apprentissage** et la **mémoire**.

VALÉRIANE
(Valeriana officinalis)
Cette vivace diminue le **stress** et favorise le **sommeil**. Les chercheurs attribuent ses **vertus sédatives** aux composés phytochimiques de l'huile essentielle.

PAVOT
(Papaver somniferum)
La **plus ancienne mention** écrite d'une plante médicinale concerne le pavot. Un composé chimique, contenu dans la **capsule du pavot à opium**, est la principale substance active de la **morphine** et de la **codéine**, les analgésiques les plus utilisés au monde.

AVERTISSEMENT
Presque toutes les parties de l'**if** sont toxiques et son feuillage peut être mortel. La **digitale** provoque de graves empoisonnements par ingestion. Le **narcisse** est toxique par ingestion, mais non mortel.

CRÉEZ VOTRE JARDIN MÉDICINAL

Avant de commencer à planter (voir p. 148-149), imaginez votre jardin médicinal. Si vous avez assez de place, créez un coin pour lui seul. Sinon cultivez les plantes dans les massifs et au potager. Enfin, de nombreux simples donnent de belles récoltes en bac ou en suspension sur un balcon ou une terrasse, ou dans une jardinière.

Jardin de simples

Si vous avez un espace suffisant pour créer un vrai jardin dédié aux plantes médicinales, placez-le près de la cuisine, pour pouvoir récolter par tous les temps. Vous pouvez opter pour un style géométrique, avec des carrés alignés, ou pour des plantations libres, dans le style d'un jardin de curé. Prévoyez des sentiers de gravier ou de bois, ou des dalles entre lesquelles vous sèmerez de la camomille ou du thym rampant, qui libéreront leurs arômes sous vos pas (voir p. 94).

Une petite pelouse de camomille met joliment en valeur votre jardin médicinal. Cette plante ne tolère qu'un léger piétinement, mais vous récolterez ses fleurs estivales (capitules du type marguerite) pour vos infusions.

Si la terre est argileuse et lourde, la culture en massif surélevé est une bonne option pour bien des médicinales, qui exigent souvent un bon drainage. À défaut, avant de planter, incorporez au sol un mélange de sable horticole et de compost.

Chacun sa place

Au moment de la plantation, prévoyez suffisamment d'espace pour les plantes, dont vous devez connaître la hauteur et l'étalement à l'âge adulte. Vous pouvez semer des annuelles médicinales, comme le souci, entre les autres plantes, mais les vivaces seront installées à demeure. Placez les sujets à grand développement au milieu ou au fond des massifs, pour qu'ils ne fassent pas d'ombre aux petites plantes du premier plan, car les médicinales veulent en général le plein soleil. Un romarin, par exemple, après quelques années, atteint une hauteur de 1 m, voire un peu plus. Si la place est limitée, certaines espèces, comme le laurier, le romarin et la lavande, peuvent être traitées en isolées.

Associez les plantes en fonction de leurs exigences : plein soleil ou mi-ombre. Les poches de plantation à accrocher à un mur ou une clôture, ou les paniers tressés doubles à placer sur les rambardes, permettent de gagner de la place dans les petits jardins et sur les balcons, et mettent les plantes à portée de main, pour récolter les feuilles destinées aux infusions.

Disposez des pots sur un escabeau, comme une tour végétale, dans le coin d'une cour ou d'un balcon.

Dans un jardin formel, les massifs, carrés ou rectangulaires, sont alignés et disposés géométriquement.

Si l'espace est limité, cultivez les médicinales dans des poches de plantation murale. Prévoyez un système d'arrosage, par exemple un goutte-à-goutte.

Si vous n'avez ni jardin ni balcon, cultivez les plantes en pot devant une fenêtre ensoleillée.

RÉCOLTEZ POUR VOS TISANES

Si vous cultivez des plantes médicinales, ou « simples », vous pouvez utiliser différentes méthodes de séchage et de conservation. Dressez une liste des espèces que vous souhaitez utiliser et des conditions qui leur conviennent, par exemple un lieu humide et ombragé, ou sec et ensoleillé. Associez-les en fonction de ces exigences.

Dans un vaste jardin, cultivez à la fois des arbres, des arbustes, des vivaces et des annuelles. Dans un petit jardin, choisissez des plantes compactes : camomille, sauge, vergerette et souci.

Certaines plantes vivaces comme la menthe poivrée, la mélisse officinale et l'aspérule odorante se développent rapidement et peuvent devenir envahissantes. Il faut soit les cultiver en bac, soit prendre la peine de les limiter régulièrement. Ces trois plantes, contrairement à beaucoup d'aromatiques, acceptent la mi-ombre et peuvent prospérer sur un balcon peu éclairé.

Les espèces non rustiques, comme le piment ou l'aloe vera, viennent bien en bac, en situation ensoleillée, quand les risques de gel sont passés. Abritez-les à l'intérieur avant le retour des froids. L'aloe vera fait une belle plante d'intérieur.

Usage médicinal

Les plantes médicinales sont utilisées pour le traitement des maux du quotidien ou pour le confort, comme remontants ou relaxants (voir ci-contre). Elles entrent surtout dans la préparation des infusions et des décoctions, mais on en fait aussi des onguents et des crèmes. Récoltez les feuilles et les fleurs durant la période de croissance, car la repousse est alors rapide ; en revanche, évitez de les cueillir en hiver, lorsque la plante est en état de dormance.

Durant la belle saison, les infusions de feuilles fraîches, par exemple de menthe ou de verveine citronnelle, sont faciles à préparer. Si votre récolte est abondante, faites-la sécher. Étalez les feuilles sous abri, à l'obscurité, dans un local sec et ventilé, en les retournant régulièrement les premiers jours, pour que l'air circule. Lorsqu'elles sont sèches et qu'elles se désagrègent sous les doigts, placez-les dans des bocaux de verre opaque, dotés d'un couvercle étanche. Elles se conserveront environ un an.

On prépare aussi des remèdes à base de racines et de tiges. Vous trouverez des recettes sur des sites Internet ou dans les bons ouvrages spécialisés. Avec l'expérience, vous pourrez vous attaquer à des préparations complexes, mais demandez toujours un avis médical avant d'utiliser vos remèdes.

1

2

UTILISATION DES SIMPLES

Ces plantes médicinales, facile à cultiver, sont utilisées en infusion, en décoction, ou en baume et en lotion.

POUR INFUSIONS ET DÉCOCTIONS

1 Camomille (*Chamaemelum nobile, Matricaria recutita*) Utilisez les capitules (fleurs) de ces petites vivaces, frais ou séchés, en infusion contre le stress et pour bien dormir.

2 Mélisse (*Melissa officinalis*) Les infusions de cette vivace herbacée calment le stress et l'anxiété, et évitent les insomnies.

3

Autres options :

- **Angélique** (*Angelica archangelica*) La racine de cette grande vivace atténue les douleurs menstruelles et facilite la digestion.
- **Vergerette de Karvinski** (*Erigeron karvinskianus*) Les feuilles et les fleurs (capitules) de cette petite vivace calment les troubles rénaux et les douleurs menstruelles.
- **Aspérule odorante** (*Galium odoratum*) Les feuilles et les fleurs de cette vivace persistante calment l'anxiété, favorisent le sommeil et peuvent aussi réduire les symptômes de l'arthrite.
- **Menthe poivrée** (*Mentha x piperita*) Les feuilles de cette vivace, qu'on employait autrefois comme remède contre les maux d'estomac, facilitent la digestion et diminuent les symptômes du syndrome de l'intestin irritable (IBS).
- **Romarin** (*Rosmarinus officinalis*) Les feuilles de cet arbuste persistant, symbole traditionnel du souvenir, favorisent la mémoire et la concentration (voir p. 93).
- **Sauge** (*Salvia officinalis*) Les feuilles de ce sous-arbrisseau persistant calment les symptômes de la ménopause, notamment les bouffées de chaleur, et favorisent la digestion.

POUR BAUMES ET LOTIONS

3 Souci (*Calendula officinalis*) Les fleurs de cette annuelle possèdent des propriétés antiseptiques et anti-inflammatoires.

4 Hamamélis de Virginie (*Hamamelis virginiana*) Les racines ont des vertus astringentes et antivirales ; elles calment la douleur des entorses, resserrent les pores de la peau et soignent l'acné.

Autres options

- **Lavande** (*Lavandula*) Les inflorescences de ce petit arbuste atténuent les troubles nerveux et favorisent le sommeil.
- **Aloe vera** (*Aloe vera*) Le gel des feuilles fraîches a des propriétés anti-inflammatoires et antibactériennes, et contient une hormone qui répare les peaux abîmées.

4

Cultivez vos fruits et vos légumes

Pour mettre sur votre table des produits savoureux et riches en nutriments, cultivez des espèces potagères et fruitières.

Manger des fruits et des légumes frais est essentiel pour la santé. Ils fournissent des vitamines, des sels minéraux et d'autres nutriments nécessaires à l'organisme, et diminuent les risques de cancer, de maladies cardiaques et d'autres affections. Malheureusement, ceux du commerce perdent une partie de leur valeur nutritionnelle entre la ferme et les étals. En les cultivant, vous retrouvez ces précieux nutriments dans votre assiette.

DES ALIMENTS VRAIMENT NUTRITIFS

Les fruits et les légumes actuels contiennent nettement moins de nutriments que ceux d'autrefois. Les causes en sont la culture intensive, le temps de transport et les méthodes de stockage, notamment la

Les fruits et les légumes contiennent des vitamines, des macronutriments (azote, phosphore) et des micronutriments (zinc, calcium) indispensables à l'organisme. Beaucoup renferment aussi des antioxydants qui ralentissent l'oxydation d'autres substances chimiques, pouvant détériorer l'ADN, accélérer le vieillissement et favoriser des maladies dégénératives.

Les légumes verts de la **famille du chou** (chou pommé, chou de Bruxelles, brocoli, chou frisé) contiennent des composés anticancérigènes, les **glucosinolates**. '**Beneforte**', une variété de **brocoli**, en renferme **trois fois plus** que la normale.

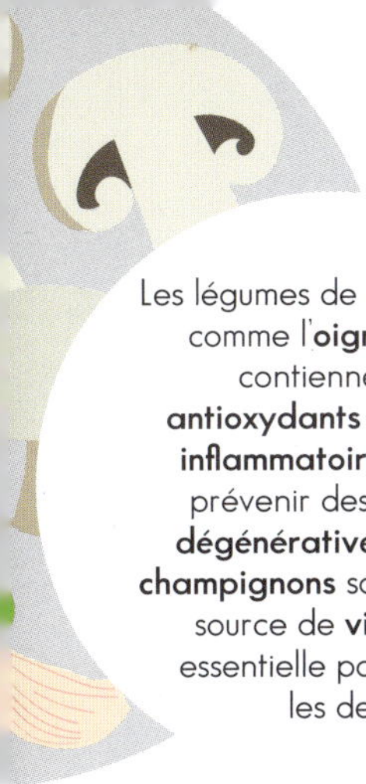

Les légumes de couleur claire, comme l'**oignon** et l'**ail**, contiennent des **antioxydants** et des **anti-inflammatoires** pouvant prévenir des **maladies dégénératives**. Certains **champignons** sont une bonne source de **vitamine D**, essentielle pour les os et les dents.

Les fruits et les légumes violets et **pourpres** contiennent des **polyphénols**, qui pourraient diminuer le risque de certaines maladies, dont le **cancer**.

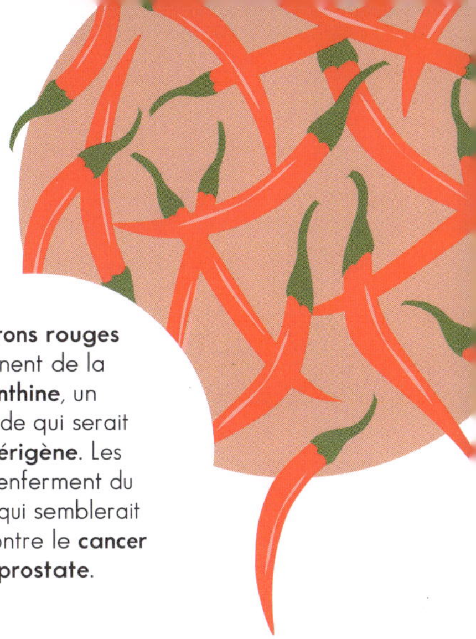

Les **poivrons rouges** contiennent de la **capsanthine**, un caroténoïde qui serait **anticancérigène**. Les **tomates** renferment du **lycopène**, qui semblerait protéger contre le **cancer de la prostate**.

réfrigération prolongée. Une étude britannique, qui a comparé une vingtaine de légumes de 1930 à 1980, a constaté une baisse de 22 % de leur teneur en fer, de 19 % en calcium et de 14 % en potassium. Cela signifie qu'on doit souvent consommer davantage de fruits ou de légumes – huit fois plus pour l'orange, par exemple – pour ingérer autant de nutriments que la génération de l'entre-deux-guerres. Heureusement, en sélectionnant des variétés nutritives et en les cultivant vous-même, vous vous donnez la possibilité de trouver dans votre assiette des fruits et des légumes réellement riches en nutriments.

Outre les vitamines et les sels minéraux, les légumes du potager contiennent des phytonutriments, comme les caroténoïdes (pigments végétaux) et les polyphénols. S'ils ne sont pas vitaux pour l'organisme, ces composés sont profitables pour la santé et pourraient prévenir certaines maladies, dont le cancer. Beaucoup donnent leur couleur aux plantes. Pour bénéficier d'une large diversité de phytonutriments, consommez des légumes de différentes couleurs.

Sauvegardez les nutriments

Les méthodes de récolte, de stockage et de cuisson influent sur la valeur nutritive des fruits et des légumes. Pour les légumes-feuilles, mieux vaut qu'ils soient très frais : cueillez-les juste avant de les mettre dans votre assiette. En revanche, les composés chimiques bénéfiques de certains fruits et légumes, comme la tomate et le potiron, augmentent lorsqu'ils sont conservés à température ambiante.

La cuisson à la vapeur, au micro-ondes ou à la sauteuse préserve mieux les nutriments qu'à l'eau bouillante, parce qu'ils sont solubles. En 2012, une étude britannique réalisée sur les brocolis a montré non seulement que la cuisson à l'eau leur fait perdre des nutriments, mais aussi que les variétés violettes, plus riches en nutriments que les vertes, en perdent aussi nettement moins dans l'eau bouillante.

Les fruits et les légumes orange et jaunes contiennent des **carotènes**, très bénéfiques pour la santé, notamment pour la **protection des yeux**, et pourraient aussi diminuer le risque de certains **cancers**.

PRÉPARATION, PLANTATIONS ET SEMIS

Quelle que soit la taille de votre espace, vous pouvez y cultiver des légumes. Choisissez des variétés riches en nutriments, et offrez-leur des conditions optimales pour récolter des produits sains et savoureux. Mais les travaux préparatoires sont essentiels.

Préparez la terre

La condition première pour réussir, c'est de disposer d'une terre vivante, riche en organismes (voir p. 134-137). Les plantes seront ainsi plus robustes et capables de résister aux aléas de la météo, par exemple à un excès d'humidité ou de sécheresse. Paillez régulièrement le sol (voir p. 137) pour le nourrir et retenir l'humidité.

Si vous avez de la place, créez un coin potager. Sinon cultivez des espèces potagères, dont beaucoup ont un caractère décoratif dans les massifs de vivaces et d'annuelles. Choisissez un endroit abrité des vents dominants et ne cultivez pas la même espèce à la même place deux années consécutives, afin de ne pas favoriser le retour des parasites et des maladies.

Culture en pots

Beaucoup de fruits et de légumes acceptent la culture en pot, à condition que le drainage soit satisfaisant. Vous exploiterez ainsi les petits espaces, en installant par exemple des plantes médicinales dans une jardinière pour rebord de fenêtre, afin de préparer vos infusions pendant les mois d'été (voir p. 148-149). Et vous pourrez déplacer les pots pour profiter des microclimats. Utilisez un substrat de culture (sans tourbe) de bonne qualité, arrosez copieusement et apportez de l'engrais en période de croissance.

Dans un jardin, les planches surélevées (voir p. 140-141) sont adaptées pour un potager, surtout si le sol du jardin est peu fertile ou contaminé (voir p. 138-139).

Le semis

Très économique, le semis de graines donne des récoltes abondantes. Repiquez les plantules dès qu'elles sont assez grandes pour être manipulées. Semez les tomates et les poivrons à l'intérieur, et repiquez-les une première fois en godet, également à l'intérieur. Quand il n'y a plus de risque de gelée, endurcissez-les en les sortant pendant la journée. Ensuite, cultivez-les en pleine terre, en bac ou en sac de plantation.

Semez les choux, les oignons, les poireaux et les laitues dans un coin bien abrité du jardin, avant de les repiquer. Pratiquez le semis en place pour certaines espèces, notamment les légumes-racines (carotte, betterave, radis, navet, panais), le haricot et le pois. Avec une bonne planification, votre potager peut être productif toute l'année (voir p. 154-155).

Si votre sol est pauvre, incorporez du compost de jardin décomposé avant de planter, pour que les jeunes plantes se développent bien.

Il est possible de semer des légumes pratiquement toute l'année, sauf en décembre et en janvier. Cependant, la période principale se situe au début du printemps. Les légumes-racines, comme la carotte, le navet et le panais, sont semés à l'extérieur, directement en place.

Une **portion** (environ 120 g) de **légumes** ou de **fruits** peut contenir jusqu'à **100** types différents de **phytonutriments.**

La betterave est facile à cultiver. Semez-la en place, d'avril à juillet. Les jeunes feuilles, croquantes et savoureuses, complètent idéalement les salades composées.

UNE ANNÉE DE LÉGUMES

Les légumes verts que vous cultivez vous-même arrivent tout frais et délicieux dans votre assiette, et ils conservent tous leurs nutriments. Avec une bonne planification, vous pouvez récolter des feuilles saines et savoureuses pendant toute l'année, même dans un petit espace.

Semis échelonnés

Pour éviter d'avoir une grande quantité de légumes à la même époque, échelonnez les semis afin que les plantes arrivent à maturité sur une longue période. Procédez ainsi pour la carotte, le radis, le chou-rave, la betterave rouge ou l'épinard. Semez toutes les 2 ou 3 semaines, ou quand le premier semis commence à produire.

Les salades à couper donnent rapidement leurs premières récoltes et demeurent productives longtemps. Faites un semis toutes les 4 à 6 semaines, éventuellement en bac ou en jardinière. Vous récolterez ainsi toute la saison. Pour les salades pommées, il faut les éclaircir, afin de donner suffisamment de place à la pomme. On récolte les jeunes pousses de laitue, de chicorée, de moutarde, de roquette, d'épinard et de bette.

Les radis et les feuilles de moutarde sont bons à consommer au bout de 4 à 8 semaines, et vous pouvez même les prélever plus tôt, pour vos salades, en éclaircissant. Le fenouil, les salades pommées, la betterave, l'oignon de printemps et le pois demandent un peu plus de temps. Si vous coupez un chou, faites une entaille en croix sur la tige restée en place, pour que de petites feuilles apparaissent à nouveau rapidement.

Prévoyez la soudure

En associant des salades à couper précoces et des légumes rustiques qui passent l'hiver en terre, vous récolterez à la fin de l'hiver et au printemps, c'est-à-dire pendant la période de « soudure ». Pour l'automne, semez des légumes rustiques, comme le brocoli précoce, en mars-avril, à l'intérieur ou en pépinière, et repiquez-les en place en avril-mai. Pour une récolte de fin d'hiver et de début de printemps, semez en place en mai-juillet. Les légumes les plus rustiques sont notamment les choux d'hiver et de printemps, le chou frisé et les poireaux.

Les salades d'hiver rustiques sont nombreuses : roquette, moutarde, mâche, barbe de capucin, chicorée sauvage, bette... À l'annonce de grands froids, protégez-les par un voile d'hivernage ou des cloches. Les violettes, ainsi que les capucines sous climat doux, peuvent être semées en fin d'été pour une floraison précoce, au printemps. Leurs feuilles et leurs fleurs agrémentent joliment les salades.

Graines germées

Si vous manquez de place, faites germer des graines pour en parsemer les salades ou en faire des poêlées. Achetez des graines non traitées, faites-les tremper et mettez-les dans un bocal. Les meilleures sont les haricots mungo et azuki, le cresson et l'alfafa.

La laitue pommée (en haut à gauche) accepte un sol pauvre et arrive vite à maturité. Les jeunes feuilles de chou frisé (ou kale) 'Red Russian' et de chou mizuna (en haut à droite) agrémentent les salades. Les graines d'alfafa (ci-dessus) germent facilement toute l'année. Les feuilles de bette 'Bright Lights' (à gauche) sont bonnes à récolter au bout de 10 semaines.

DES FRUITS DANS UN ESPACE MINUSCULE

Il n'est pas nécessaire d'avoir un grand jardin pour récolter des fruits. En général, ces espèces aiment le soleil et redoutent le vent et le froid. Choisissez un endroit abrité du jardin ou du balcon. Vous pouvez même cultiver des espèces gélives en bac, en les abritant en hiver. Protégez les espaliers sensibles au froid en les couvrant de paille ou de frondes de fougères, recouvertes d'un voile horticole. Sur un balcon ou un rebord de fenêtre, vous pouvez cultiver des fraisiers, en pot, en suspension et en jardinière. Coupez ou rempotez les stolons, pour limiter le développement. Enfin, apportez de l'engrais et arrosez régulièrement.

Fruitiers nains

Cultivez des pommiers, des cerisiers et des pruniers. Ils contribuent à former la structure du jardin et offrent de belles couleurs. Des variétés de pommes rouges, comme 'Braeburn', 'Red Delicious', 'Red Falstaff' et 'Pink Lady', sont riches en polyphénols. Ainsi, 'Red Love' en contient deux fois plus qu'une pomme normale. Beaucoup de fruitiers sont proposés en formes naines, qui occupent peu d'espace, et donnent une belle récolte.

De nombreuses espèces fruitières demandent une pollinisation croisée. Il faut donc les planter à proximité d'une autre variété compatible, pour que les fleurs soient pollinisées.

Arbres palissés

Pour économiser de l'espace, cultivez des pommiers, des poiriers et des pêchers en espalier (palmettes simples ou doubles, cordons) contre un mur ou une clôture, ou de part et d'autre d'un arceau, en achetant des sujets déjà formés. Le cordon vertical peut être planté en terre ou en bac. Pour maintenir les branches en place, tendez du fil de fer solide. Les groseilliers, les cassissiers et les groseilliers à maquereau, qui acceptent une ombre légère, peuvent aussi être palissés ou être formés sur tige comme un rosier.

Les cordons horizontaux, à un ou deux bras, ont une hauteur de 40 à 80 cm. On les plante souvent en bordure d'allée. Toutes les formes palissées doivent être taillées une première fois en hiver, et une seconde en vert, en début d'été.

Plantation et entretien

À la plantation, introduisez des champignons mycorhiziens (voir p. 135) au fond du trou, contre la motte, et paillez en surface pour contenir l'humidité. Arrosez bien durant les deux premières années, surtout en période sèche et venteuse, jusqu'à ce que les sujets soient établis.

Très décoratifs, **les pommiers en espalier** occupent très peu d'espace contre un mur ou une clôture ensoleillée et abritée.

Les fraisiers viennent bien en pot, à condition qu'ils aient du soleil et qu'ils soient à l'abri du froid et du vent. Les variétés remontantes donnent des fruits de juin au début de l'automne.

Les poiriers en palmette (double U), cultivés en contre-espalier, tiennent peu de place et constituent un bel écran en bordure d'allée.

Dans un petit jardin, pour exploiter au mieux l'espace, on peut cultiver le groseillier à maquereau sur tige.

UN POTAGER GÉNÉREUX

Dans ce grand potager, j'ai pu consacrer chaque planche surélevée à une espèce – ici, la bette à carde rouge. J'ai aussi planté des fleurs dans les bordures, pour produire une explosion de couleurs. À gauche, le fenouil, aux inflorescences délicates, s'est spontanément ressemé en bord d'allée. Création de Matt Keightley.

Le jardin durable

Introduction

Faites de votre jardin un espace écologique qui vous procure un agréable ombrage, vous abrite de la sécheresse comme de l'excès d'humidité et attire les pollinisateurs.

Le réchauffement et le changement climatiques vont se traduire par de fortes températures, mais un arbre d'ombrage, ou une grimpante, peut vous éviter les grosses chaleurs. Ils protégeront aussi les bâtiments du vent, de la pluie et de la neige. Une grimpante persistante apportera même une certaine isolation. Puisque l'on doit s'attendre à des périodes de sécheresse, choisissez des espèces résistantes, y compris pour les arbres, ce qui vous économisera des arrosages. Si votre terrain est susceptible d'être inondé, préférez des surfaces poreuses, comme les pelouses, aux dallages imperméables, et cultivez des plantes qui stockent l'eau pour réduire les risques et éviter l'érosion. Et pour que votre jardin soit vraiment « vert », au sens écologique, cultivez des plantes adaptées à l'environnement et compostez les déchets. Privilégiez les espèces mellifères, riches en nectar, qui attirent les abeilles et les autres pollinisateurs, oubliez les pesticides et ménagez des coins sauvages, par exemple une prairie fleurie. Et en cultivant des plantes pour fleurs coupées, qui vous éviteront d'acheter des bouquets, vous réduirez votre empreinte carbone et vous favoriserez là encore les pollinisateurs.

L’effet rafraîchissant des plantes

En période de canicule, les arbres, les grimpantes et les toits végétalisés rafraîchissent l’atmosphère.

Les surfaces en dur (mur, dallage, asphalte) absorbent la chaleur du soleil, et la restituent la nuit. Cet îlot de chaleur urbain fait grimper la température ambiante. Mais les plantes la rafraîchissent en utilisant de l’énergie solaire pour transporter l’eau des racines aux feuilles, ainsi que par absorption, réflexion et ombrage.

LA FRAÎCHEUR DES ARBRES

L’arbre agit comme un parasol géant en bloquant les rayons. Il rafraîchit ainsi le sol et les bâtiments à proximité.

POUR ABSORBER LE SOLEIL

Les vagues de chaleur, qui accompagnent le changement climatique, sont de plus en plus fréquentes. Elles sont pénibles à supporter, causent des décès, augmentent les émissions polluantes de carbone et se traduisent par des pics de consommation électrique pour faire fonctionner l'air conditionné et les ventilateurs.

Au frais avec les plantes

Les arbres et les autres végétaux peuvent vous aider. On sait que le feuillage et la transpiration (transport de l'eau des racines jusqu'aux feuilles et son évaporation sous forme de vapeur) d'un arbre bloque 90 % des radiations solaires. En outre, l'ombre projetée par un arbre peut couvrir 50 % de plus que sa couronne. Une étude britannique sur les arbres de rue a montré que la température du sol à l'ombre est en moyenne inférieure de 12 °C.

Les bâtiments bénéficient eux aussi de l'ombre des arbres, surtout de ceux à feuillage dense. Selon une étude américaine, l'ombre sur une maison peut diminuer le coût de l'air conditionné de 30 %.

Des murs et des toits au frais

Les plantes rafraîchissent les toits en terrasse par ombrage, par absorption et réflexion de l'énergie solaire et par transpiration. Sous un toit végétalisé, pour une température extérieure entre 15 et 30 °C, la température intérieure est abaissée de 3 à 4 °C.

Les murs vivants, ou végétaux (voir p. 170), ainsi que l'habillage des façades par des grimpantes produisent des effets comparables. Des études ont permis d'établir qu'une grimpante persistante comme le lierre rafraîchit un mur essentiellement en l'ombrageant, et qu'elle abaisse sa température de plus de 36 %, par rapport à un mur nu.

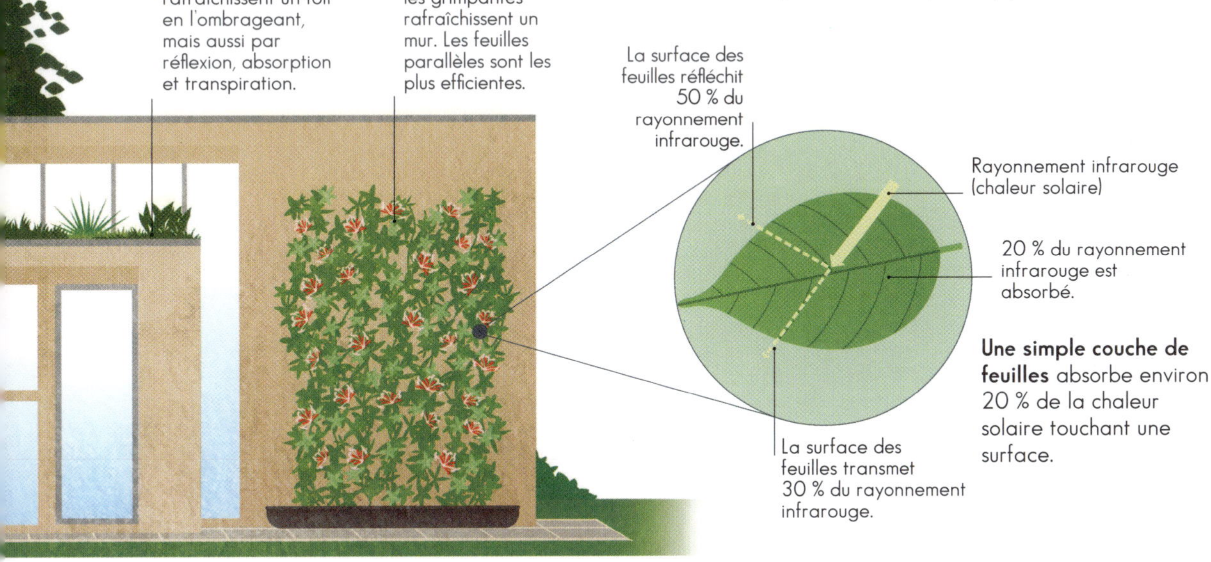

Une simple couche de feuilles absorbe environ 20 % de la chaleur solaire touchant une surface.

LA FRAÎCHEUR CHEZ SOI PAR LES PLANTES

Si vous avez la place pour un arbre, choisissez une espèce à couronne étalée ou à port retombant (chêne, bouleau blanc...). Plus le feuillage est dense, plus la zone ombragée est fraîche. Ces pergolas naturelles rafraîchissent l'emplacement du salon de jardin sans boucher la vue. 2,5 m entre le sol et les branches basses permettent de s'y mouvoir sans difficulté.

Divers types d'ombre

Certains arbres doivent transpirer abondamment pour rafraîchir, ce qui exige énormément d'énergie solaire. Aussi assurez-vous de leurs bonnes conditions de croissance. Des racines poussant dans un sol compact et mal aéré peuvent en effet rendre la transpiration cinq fois moins efficace.

Pour ombrager la façade de la maison, préférez un sujet à feuillage très couvrant, par exemple une aubépine ou un poirier d'ornement 'Chanticleer'. Un arbre à feuilles caduques a l'avantage de laisser passer le soleil en hiver, ce qui réchauffe les murs durant la saison froide (voir p. 168-171).

Distance de sécurité

La plupart des arbres plantés près d'une maison ne causent aucun dommage. Mais, en cas de sécheresse, ceux qui poussent en terrain argileux peuvent dessécher le sol sous les fondations, ce qui crée des fissures dans les murs. Les racines peuvent aussi pénétrer et boucher les canalisations d'évacuation. Préférez donc des espèces peu exigeantes en eau, comme le catalpa, le magnolia, le noisetier ou le copalme d'Amérique.

Des plantes sur le toit

Les toits chauffent beaucoup, surtout en ville. Cependant, densément garnis de plantes, ils rafraîchissent les immeubles et la température ambiante. On peut créer un jardin en terrasse sur les toits ou dans une cour avec des plantes en bac et en jardinière. Sur un toit végétal, les plantes poussent sur un substrat de croissance léger, placé sur une membrane. Les premiers toits verts extensifs sont décorés de plantes faciles à entretenir, comme les sedums et les graminées. Aujourd'hui, il existe des toits

On peut bénéficier d'un bon ombrage, même dans un petit espace (à gauche). Sur une terrasse de plain-pied, cultivez en bac un petit arbre ou un grand arbuste.

L'entretien d'un toit végétal (à droite) est presque nul, sans besoin d'arrosage, sauf au moment de la plantation.

semi-extensifs, avec un substrat plus épais, permettant de cultiver une plus grande variété d'espèces.

Selon une étude récente, les toits végétaux réduisent le ruissellement, piègent les polluants atmosphériques, absorbent le bruit et fournissent un habitat à la faune sauvage. Pour favoriser la biodiversité, on privilégie des substrats de matériaux recyclés, comme des gravats, et on crée des tas de sable, de pierres et de bois, qui servent d'abri à la faune. Attention au poids et à la charge pour la structure du bâtiment.

Les spécialistes connaissent les plantes qui supportent les conditions très exposées des toits. Ils peuvent vous conseiller, en fonction de votre projet.

ARBRES D'OMBRAGE

Ces espèces sont adaptées pour ombrager votre jardin ou votre façade.

PERSISTANTS

- **Magnolia à grandes fleurs** (*Magnolia grandiflora*)
- **Laurier du Portugal** (*Prunus lusitanica*)

À FEUILLES CADUQUES

- **Aubépine épineuse** (*Crataegus laevigata*)
- **Poirier d'ornement 'Chanticleer'** (*Pyrus calleryana* 'Chanticleer')
- **Pommier d'ornement** (*Malus hupehensis*)

Grâce aux plantes, économisez l'énergie

Pour combattre l'hiver, isolez vos murs et votre toit à l'extérieur comme à l'intérieur.

Sous climat tempéré, l'essentiel des dépenses d'énergie va au chauffage. Vous les réduirez en isolant votre maison, non seulement à l'intérieur, mais aussi à l'extérieur. Une ceinture d'arbres en brise-vent diminue les transferts de chaleur au niveau des façades, même par temps glacial. Les grimpantes ainsi que les murs et les toits végétalisés apportent aussi une protection.

DES PLANTES CONTRE LE FROID

Les grimpantes et les toits verts sont des manteaux isolants qui réduisent les pertes de chaleur des bâtiments.

DES ÉCRANS DE VERDURE CONTRE LE FROID

Bloquez le froid avec des écrans isolants, par exemple un grimpante placée directement contre une façade, sur un treillage, un mur ou un toit végétal. Si vous avez l'espace, plantez une ceinture d'arbres en brise-vent. Mais même un seul arbre réduit notablement l'effet du froid sur un bâtiment.

Des arbres pour couper le froid

Le vent froid est un facteur majeur des pertes de chaleur dans les bâtiments. Une barrière d'arbres peut en réduire les effets pendant la nuit. Faite en Écosse, une étude sur un immeuble de bureaux montre ainsi qu'une ceinture d'arbres contre les vents dominants génère une économie d'énergie de 18 %. On observe le même phénomène lorsqu'il s'agit d'espèces à feuilles caduques. En outre, selon la même étude, des arbres à feuilles caduques permettent à un mur de brique d'absorber le rayonnement solaire diurne et d'emmagasiner de la chaleur.

Sous un manteau de verdure

Les grimpantes, les murs végétalisés et les toits verts créent une barrière contre les vents et l'air froid, et les empêchent de pénétrer dans les bâtiments par les interstices. De l'air chaud est emmagasiné sous les feuilles, ce qui réduit les transferts de chaleur vers l'extérieur.

Une étude britannique sur les façades en lierre montre qu'avec une couche de feuilles de 20 cm, la température hivernale du mur est supérieure de 3,8 °C à celle d'un mur nu..

Selon une étude canadienne de 2017, **l'abattage des arbres autour des immeubles augmente de 10 %** leur **consommation hivernale d'énergie.**

ISOLATION PAR MUR VÉGÉTALISÉ

Il existe plusieurs types de murs végétalisés. Si l'on opte pour des grimpantes, en bac ou en terre, elles peuvent soit s'accrocher spontanément, soit escalader un treillage ou du fil de fer. Le mur vert, ou mur végétal, est constitué de poches ou de caissettes fixées sur des structures où l'on cultive toutes sortes de plantes.

Un écran de feuillage

La méthode la plus simple et la moins chère consiste à planter au pied du mur une grimpante, un arbuste à palisser ou des arbres en espalier (voir p. 156-157). On fixe un treillage ou on tend des fils de fer contre le mur, en laissant un espace pour créer une couche d'air isolante entre le feuillage et la maçonnerie. Toutefois, pour fixer des supports de treillage sur la totalité d'une façade, il est prudent de faire appel à un professionnel.

L'art du mur végétal

Un système de mur végétal est particulièrement séduisant. Il peut s'agir de poches en feutre ou en toile, accrochées sur une structure fixée au mur et contenant des plantes, ou encore d'un vaste système modulaire doté d'une irrigation par goutte-à-goutte, installée généralement par des spécialistes. Les plantes sélectionnées sont très diverses : fougères, graminées, annuelles, vivaces, plantes potagères, fruitières et aromatiques. Leur choix et leur disposition font appel à la créativité et demandent l'intervention d'un artiste.

Pour les balcons et les petits espaces, les modules à suspendre, garnis de poches en feutre, sont une bonne solution. Les plantes ornementales et potagères seront installées dans un bon terreau de plantation. S'il y a de la place, un arrosage par goutte-à-goutte est idéal. Choisissez des espèces ayant les mêmes exigences en eau.

Les spécialistes installent des murs textiles à couches multiples de feutre, dans lesquels les plantes s'enracinent. Dotées d'un système d'irrigation, ces structures sont fixées sur des rails et isolées de la façade par une plaque de PVC et un vide qui piège de l'air chaud en hiver. Certains proposent des choix d'espèces conçus pour attirer les insectes pollinisateurs.

Il existe aussi des murs végétaux d'intérieur modulaires, avec un réservoir d'eau et de substances nutritives équipé d'une pompe (hydroponie). Le choix des plantes dépend de la lumière et de la température.

En hiver, un **mur végétal** peut **réduire** de **4 %** les besoins en **chauffage** d'un bâtiment.

Plantez des espèces de plein soleil en haut du mur, de mi-ombre à la base, ou encore de mi-ombre de haut en bas pour un ensoleillement inférieur à 6 heures par jour.

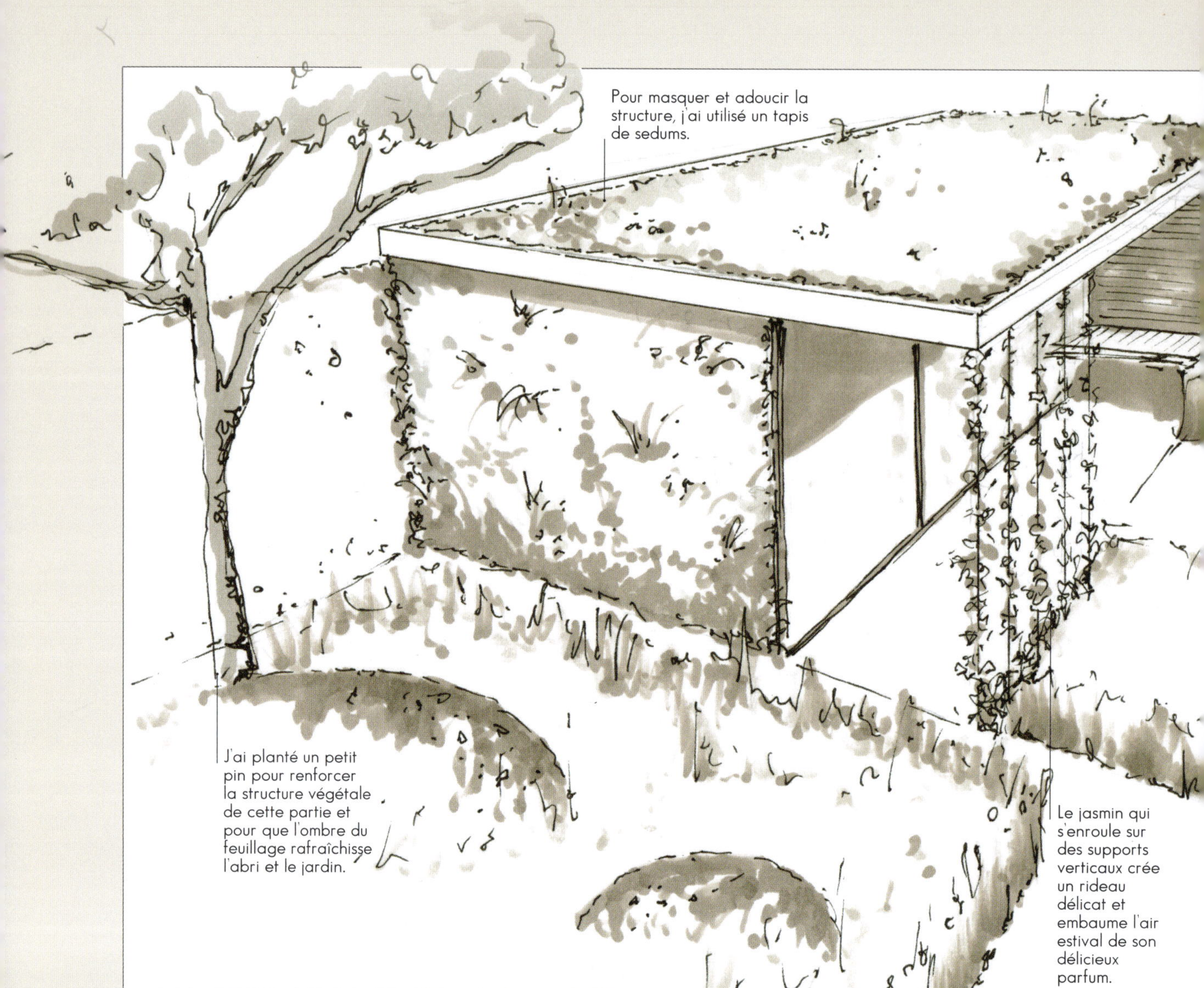

Un toit végétal est un bon moyen d'adoucir les angles et d'intégrer un bâtiment dans le décor. En outre, il réduit le ruissellement et apporte une isolation à la couverture.

Végétalisez un abri de jardin

Végétaliser les toits et les murs permet de cultiver davantage de plantes, mais c'est aussi un bon moyen d'ombrager et d'isoler les bâtiments, tout en leur donnant un caractère plus naturel, en gommant leur raideur architecturale et en introduisant des couleurs et des textures. Ainsi, un bel écran de verdure atténuera, ou même cachera, l'aspect disgracieux ou incongru d'une vieille remise, ou bien l'intégrera dans le décor.

Un abri de jardin peut être un simple local de rangement ou un bel endroit consacré à la contemplation, pour s'immerger dans la nature et se ressourcer. Choisissez des plantes et des feuillages en jouant sur les contrastes et les textures. Ainsi, adoucissez les lignes droites des murs et des angles par le manteau souple et mouvant d'une grimpante, ou la raideur de la pente d'un toit par le tapis gris-vert et ondulé des sedums.

Des grimpantes comme le jasmin ont besoin d'un treillage ou de fils de fer tendus pour s'élever et dissimuler un bâtiment disgracieux. La glycine, le chèvrefeuille et le lierre sont aussi d'excellents choix.

Végétaliser un mur est un moyen élégant et harmonieux d'introduire de la verdure sur les surfaces verticales.

Anticipez de possibles sécheresses

Des menaces pèsent sur les futures ressources en eau. Pour préparer votre jardin, prenez des dispositions.

Pour que votre jardin résiste à la sécheresse, il n'est pas nécessaire de le remodeler totalement. Quelques modifications suffisent pour qu'il devienne moins gourmand en eau, tout en gardant son charme. Vous devez soigner la terre pour améliorer sa capacité de rétention d'eau, choisir des plantes adaptées au sol et à la région, adopter d'autres méthodes d'entretien de la pelouse et pratiquer une gestion durable des ressources en eau. Ainsi, votre coin de verdure passera sans encombre les épisodes de canicule.

LES PLANTES ET LEURS BESOINS EN EAU

Avec le réchauffement climatique annoncé de 0,2 °C par décennie, bien des jardiniers vont subir des restrictions et des interdictions d'arroser. La consommation de l'agriculture, de l'industrie et des particuliers s'accroît : dans certains pays, l'arrosage des jardins représente en été 50 % de la consommation des ménages.

Lorsque la sécheresse est sévère, certaines plantes perdent leur eau par leurs feuilles plus vite qu'elles ne peuvent en absorber par leurs racines. Si l'épisode se prolonge, elle n'arrivent plus à assurer leurs processus vitaux, comme la photosynthèse (transformation de la lumière solaire en énergie chimique) et la transpiration (transport de l'eau des racines aux feuilles et évaporation). Elles s'affaiblissent, cessent de croître et deviennent plus vulnérables aux maladies. Pour anticiper la sécheresse, réduisez les apports d'eau, collectez l'eau de pluie, choisissez des plantes peu gourmandes en eau et faites appel aux nouvelles technologies.

UNE FAIBLE EXIGENCE EN EAU

Pour qu'un arbre fruitier soit peu gourmand en eau, il doit être petit, compter relativement peu de feuilles et avoir été greffé sur un porte-greffe nain pour limiter l'ampleur de sa ramure. Comparativement, les grands sujets, au vaste système racinaire, sont très exigeants.

La bonne plante à la bonne place

Des plantes botaniquement très proches peuvent se comporter différemment en période de sécheresse. Une étude menée dans des vergers d'Afrique du Sud a comparé la demande en eau de deux variétés de pommiers, 'Cripps Pink' et 'Golden Delicious', en mesurant la production fruitière (en poids) pour 1 000 litres d'eau. La première, avec une couronne plus ouverte et moins de feuilles, s'est montrée la moins gourmande en eau et la plus productive.

Dans les **pays européens, une personne** consomme en moyenne **144 litres** d'eau par jour.

UN JARDIN PLUS RÉSISTANT À LA SÉCHERESSE

Certaines plantes sont armées pour supporter les grosses chaleurs (voir ci-contre). Sélectionnez-les en prévision des épisodes de sécheresse ou pour les zones les plus sèches. Vous aurez ainsi un beau jardin, tout en économisant de l'eau. Ces plantes ne viennent pas toutes des déserts : beaucoup d'arbres, d'arbustes, de grimpantes,

Des plantes peuvent pousser dans un milieu sec, appréciant des sols à drainage libre sur des pentes autrement difficiles à planter.

DES SIGNES D'ADAPTATION À LA SÉCHERESSE

Quelques astuces pour reconnaître les plantes résistantes à la sécheresse :

1 Feuilles gris-vert ou argentées Elles réfléchissent mieux le rayonnement solaire, comme chez l'absinthe (*Artemisia absinthium*).

2 Feuilles aromatiques Elles renferment des huiles volatiles qui, en s'évaporant, rafraîchissent la plante, comme chez la rue des jardins (*Ruta graveolens*).

3 Feuilles ou tiges charnues Elles stockent l'eau dans leurs tissus. Les joubarbes (*Sempervivum*) ont des formes intéressantes.

4 Feuilles duveteuses Des poils fins piègent l'humidité et diminuent l'effet asséchant du vent, comme chez la sauge officinale (*Salvia officinalis*).

de vivaces à fleurs, de graminées et de bulbeuses de nos régions se passent en partie ou totalement d'arrosage.

Tolérance à la chaleur

L'adaptation à la sécheresse de certains végétaux passe par une longue racine pivotante, par des racines très étalées, ou encore par des feuilles qui se replient ou qui tombent, ou qui bouchent leurs stomates (pores) pour ne pas transpirer. Les plantes méditerranéennes, qui demandent un bon drainage, sont en général bien armées, comme celles dont le feuillage gris-vert ou argenté réfléchit le rayonnement.

Les succulentes stockent l'eau dans leurs feuilles et leurs tiges. Elles réussissent en tous types de pots, avec peu d'arrosage. Leurs formes surprenantes et leurs coloris subtils sont ornementaux toute l'année. Les plus rustiques, comme les sedums, supportent bien la rigueur hivernale. Mais, dans les zones froides, d'autres succulentes, comme l'aloès, plus frileuses, doivent être rentrées sous abri à la fin de l'automne.

Donnez-leur un bon départ

Choisissez des plantes adaptées aux conditions de votre jardin ou améliorez le sol (voir p. 136). S'il est lourd, incorporez un mélange de sable de rivière et de compost pour favoriser le drainage et éviter la pourriture des racines. Après la plantation, pour prévenir l'évaporation, étalez un paillage recouvert de gravillons ou de sable grossier. Si le jardin est en pente, placez les plantes dans la partie la plus haute, au soleil, ou créez des terrasses bien drainées.

UNE PELOUSE MALGRÉ LA CHALEUR

Dans un jardin, la pelouse est souvent indispensable. Elle a un intérêt écologique : elle offre un habitat aux insectes, de la nourriture aux oiseaux et absorbe le bruit et les polluants. Pour l'entretenir, on conseille en général de bien arroser en été et d'apporter de l'engrais. Toutefois, des recherches montrent qu'un excès d'eau la rend moins résistante à la sécheresse. Avec le réchauffement climatique et les pénuries d'eau, il est donc temps d'opter pour des pratiques plus durables.

Un gazon résistant

Une belle pelouse économe en eau, c'est possible ! En zone tempérée, lorsque le soleil brille, le gazon jaunit et végète. Mais s'il contient des espèces locales résistantes à la sécheresse, comme certaines fétuques, il reverdit vite. Ainsi, les fétuques élevées enfoncent leurs racines jusqu'à 1 m de profondeur pour trouver de l'humidité. Préférez donc un mélange de graines où elles figurent. Dans le sud de la France, le gazon des Mascareignes (*Zoysia tenuifolia*) reste vert sans arrosage en été, mais jaunit en hiver.

En laissant le gazon prendre un peu de hauteur quand il fait chaud, vous favorisez un enracinement dense et profond, ce qui lui permet de mieux tenir s'il ne pleut pas : il suffit de changer la hauteur de tonte sur la tondeuse. En laissant des déchets de tonte sur place, vous ralentissez l'évaporation, tout en apportant des nutriments (les tondeuses mulcheuses sont conçues à cet effet). Aérez le sol en perçant des trous à la fourche-bêche ou à l'aérateur pour faciliter la pénétration de l'eau, de l'air et des nutriments jusqu'aux racines.

D'autres options

Vous pouvez aussi opter pour une pelouse sans tonte ni presque aucun arrosage, semer des fleurs sauvages, ou laisser l'herbe pousser librement en lui apportant de la couleur avec des bulbes de saison. Il suffit alors de tondre, ou de faucher, une ou deux fois par an.

Et si vous devez l'arroser, réduisez la surface du gazon. Plantez à la place des couvre-sols, comme le thym, créez un jardin sur gravier ou sur terrasse en bois, ou encore des massifs supportant la sécheresse.

> Un arroseur automatique consomme jusqu'à **900 litres** d'eau **par heure**.

Pour réduire les arrosages, remplacez une partie de votre pelouse par des couvre-sols tolérant un léger piétinement, comme le thym rampant.

Économisez l'eau en laissant pousser l'herbe sur une partie de la pelouse et en plantant des bulbes à fleurs pour toutes les saisons.

L'herbe non tondue, émaillée de fleurs sauvages, est très décorative. Et pour dégager une allée, il suffit de passer la tondeuse.

POUR MIEUX GÉRER L'EAU AU JARDIN

Dans les cinquante prochaines années, la demande en eau risque d'excéder les ressources, sauf si l'on parvient à réduire notre consommation. Collectez l'eau de pluie, utilisez-la mieux, et aidez les plantes à mieux profiter des apports quand le temps est sec.

Profitez des ressources naturelles

Si vous collectez l'eau de pluie, vos plantes prospéreront même en cas de sécheresse et d'interdiction d'arrosage. L'eau de pluie peut aussi servir à remplir une mare, notamment une mare vivante, habitée par la faune sauvage (voir p. 56).

Le moyen le plus simple de récupérer l'eau de pluie consiste à placer un réservoir sous une descente de gouttière. Même dans les zones sèches, le toit d'une maison moyenne permet de récupérer environ 25000 litres d'eau par an. Il existe des récupérateurs discrets adaptés aux petits espaces et aux balcons. On peut aussi récupérer l'eau des abris de jardin, s'ils sont dotés d'une gouttière et d'une descente. Quant aux eaux grises, c'est-à-dire aux eaux domestiques usées mais peu polluées (douche, baignoire, rinçage des machines à laver, évier), on les récupère à l'aide de tuyaux, ou dans des seaux, pour arroser les plantes ornementales, mais pas le potager - et sans attendre pour éviter le développement des bactéries.

Chaque goutte compte

Quand les ressources en eau diminuent, il faut arroser avec le maximum d'efficience, en évitant le plus possible l'évaporation. Pour ce faire, incorporez au sol des matières organiques, qui conservent l'humidité, et paillez (voir p. 137). Pour la culture en bac, utilisez un substrat adapté au type de plantes : un terreau universel (sans tourbe) pour les annuelles, un terreau de plantation pour rosiers, arbustes et arbres ou pour plantes ligneuses et grandes vivaces. Ajoutez

Pour collecter l'eau de pluie, vous pouvez utiliser divers types de récupérateurs, en terre cuite, en bois, en métal ou en polyéthylène, voire recycler un récipient quelconque. Doté d'un robinet à la base, les récupérateurs du commerce ont aussi un couvercle étanche, ce qui évite que les moustiques ne viennent s'y reproduire.

du sable de rivière ou du gravier fin pour les espèces qui exigent un bon drainage.

Pour les plantations en pleine terre, enrichissez le sol en incorporant des matières organiques, comme du compost de jardin ou de champignonnière (voir p. 136), ou du fumier bien décomposé. La terre retiendra l'eau, sans se détremper. L'épandage d'une couche de matière organique sur un sol mouillé peut aussi réduire l'évaporation de surface de 75 %. Il aide le sol à garder sa fraîcheur, ce qui diminue les besoins en eau. En outre, le paillage étouffe les mauvaises herbes, réduit la demande d'eau et apporte des nutriments en se décomposant.

Suffisamment, mais pas trop souvent

En cas de sécheresse, apportez assez d'eau aux plantes pour qu'elles survivent, mais pas trop pour éviter qu'elles produisent de nouvelles pousses, elles-mêmes gourmandes en eau. Avec des arrosages trop fréquents, au lieu de s'enfoncer pour trouver de l'humidité, les racines restent près de la surface, où elles sont plus exposées.

À l'instar du goutte-à-goutte (voir encadré), le tuyau microporeux (enterré ou non) apporte de l'eau directement à la plante, en réduisant l'évaporation. On peut raccorder ces deux systèmes à un récupérateur ou à une sonde d'humidité pour les systèmes automatiques. Le mur végétal, avec des poches ou des caissettes suspendues, où l'arrosage est facile à doser, est aussi une excellente option.

Pratiques économes en eau

- Arrosez généreusement et laissez le sol ressuyer avant d'arroser à nouveau.
- Arrosez au niveau des racines, au lieu de mouiller les feuilles et le pourtour de la plante.
- N'arrosez le gazon établi que quand le sol est sec - une fois tous les 7 à 10 jours est suffisant.
- La culture en pot et en suspension exige plus d'arrosage que celle en pleine terre, car les racines ne peuvent pas s'enfoncer pour trouver l'eau et les nutriments. Les pots à réserve d'eau sont une bonne solution, car la plante peut y puiser en fonction de ses besoins.
- Utilisez un arrosage goutte-à-goutte. L'apport d'eau mesuré et continu à la zone racinaire réduit l'évaporation, favorise un enracinement profond et améliore la résistance à la sécheresse. Couplé à une sonde d'humidité, ce système n'arrose que lorsque la plante en a besoin.
- En cas de canicule, un filet d'ombrage réduit l'évaporation et la transpiration des feuillages.

Un mur végétal, très décoratif, peut être arrosé grâce à un récupérateur d'eau intégré, au moyen d'un goutte-à-goutte ou d'un tuyau microporeux.

LE JARDIN SUR GRAVIER DE BETH CHATTO

Inspirez-vous du célèbre jardin sur gravier de Beth Chatto, où des plantes de milieux secs, comme la grande verveine à fleurs violettes et l'ail décoratif aux inflorescences sphériques, apportent de la couleur aux touffes de cheveux d'ange (*Stipa*).

Préservez votre jardin des inondations

Quelques mesures préventives évitent à votre maison et à votre terrain les dégâts et la pollution dus à l'eau.

Selon des experts, le changement climatique va entraîner des épisodes de fortes pluies plus fréquents et des inondations. Or les allées carrossables, les dallages et les autres surfaces en dur s'opposent au drainage naturel, ce qui favorise le ruissellement et de brusques submersions. Dans certaines zones, après une tempête, les égouts débordent et se déversent dans les rivières ou la mer. Pour prévenir ces gros problèmes, récupérez l'eau et privilégiez les surfaces perméables ainsi que des plantes qui absorbent et filtrent les eaux pluviales.

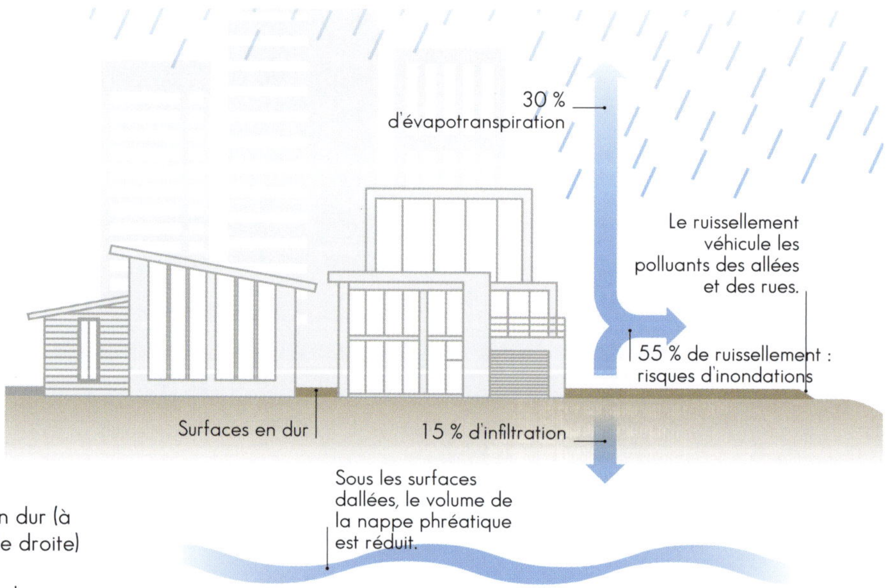

UNE DIFFÉRENCE MAJEURE
Contrairement à des surfaces en dur (à droite), un jardin planté (page de droite) favorise l'évapotranspiration et l'absorption, et évacue l'eau vers le sous-sol, ce qui diminue les risques d'inondation.

LES SURFACES EN DUR COUVRENT 75 À 100 % DU SOL TOTAL.

LA PRÉVENTION DES INONDATIONS PAR LES PLANTES

Les pavés, les dalles, le béton et les autres surfaces imperméables accroissent le volume du ruissellement jusqu'à 50 %, ce qui augmente le risque d'inondation. Les dégâts des eaux pluviales sur l'environnement, les maisons et l'économie coûtent très cher.

Mais où passent les eaux pluviales de nos propriétés lors d'une tempête ? Collectées par les gouttières et les descentes, elles aboutissent à un puits perdu – un trou profond, rempli de gravier et de sable, qui les évacue vers la nappe phréatique –, ou à un égout qui les conduit, souvent sans traitement, vers les rivières ou la mer. Celles qui s'écoulent sur les sols se chargent de polluants – déjections animales, huile de moteur, détergents – avant d'être rejetées dans l'environnement. En cas de fortes pluies, le ruissellement peut parfois excéder la capacité des égouts, causant des inondations locales. Les eaux-vannes (provenant notamment des toilettes) sont alors mélangées aux eaux pluviales, polluant les jardins, les maisons, les cours d'eau et la mer.

Pour éviter l'engorgement des systèmes d'évacuation, il faut bannir les surfaces en dur au profit des plantations.

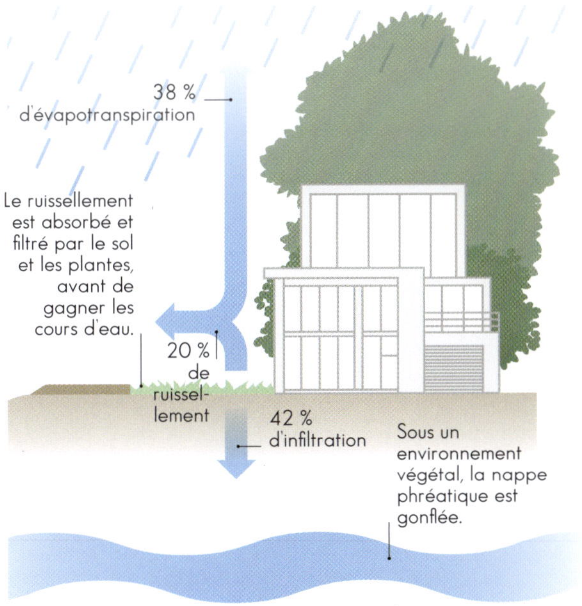

LES PLANTES COUVRENT 80 À 90 % DE LA SURFACE DU SOL.

Un barrage végétal anti-inondation

Toutes les plantes absorbent de l'eau par leurs racines, mais certaines se montrent très performantes. Les arbres, surtout ceux à vaste couronne et système racinaire développé, puisent de gros volumes. En outre, leurs racines forment des interstices et des cavités par lesquelles l'eau s'écoule dans le sol, au lieu de ruisseler et de causer des inondations.

La différence générée par les plantes est assez spectaculaire. Dans un jardin couvert de 80 à 90 % de végétation, le sol absorbe environ 42 % du ruissellement. En outre, 38 à 40 % de l'eau de pluie sont évacués dans l'atmosphère par l'intermédiaire du sol et des plantes. Ce phénomène est appelé évapotranspiration. Par ailleurs, certaines plantes (voir p. 139) et types de sols filtrent les polluants, ce qui peut réduire notablement la quantité de toxines rejetées dans l'environnement.

En revanche, lorsque les surfaces en dur couvrent 75 à 100 % d'un terrain, seulement 15 % du ruissellement sont absorbés par le sol, alors que 55 % s'écoulent dans les égouts ou stagnent sur place, ce qui augmente le risque d'inondation.

DES PLANTES QUI CAPTENT LES EAUX

Composés à 90 % d'eau, les végétaux devancent le corps humain, qui n'en est constitué que d'un peu plus de 50 %. Ils ont donc besoin de boire beaucoup. Après avoir été absorbée par les racines, l'eau remonte par les tiges dans des vaisseaux jusqu'aux feuilles, aux fleurs, aux fruits et aux graines.

Pour leur croissance et leur développement, les plantes ne retiennent qu'une fraction de l'eau absorbée. Le reste est rejeté sous forme de vapeur par de petits pores, appelés stomates, situés sur les feuilles, les aiguilles et les tiges. Ce processus, nommé transpiration, permet aux végétaux de réagir à l'environnement, à la météo et au type de sols, en régulant le volume d'eau conservé pour croître et survivre.

L'effet sur le ruissellement

Les plantes collectent aussi l'eau de pluie sur leurs feuilles et leurs tiges, dont une partie s'évapore dans l'atmosphère sans avoir touché la terre. Le feuillage et les branches réduisent le ruissellement : en retardant la chute de la pluie sur la terre, ils donnent au sol le temps de l'absorber. Les feuilles rugueuses ou duveteuses, comme celles de la pulmonaire, de l'hydrangea ou de l'aubépine, retiennent assez bien les gouttelettes pour réduire le volume d'eau atteignant le sol.

Certains arbres absorbent **900 litres d'eau** par jour, dont **98 %** sont rejetés dans l'**atmosphère** par **transpiration**.

Réaction rapide

Certaines plantes ont des stomates très réactifs, ce qui les rend précieuses quand les conditions changent rapidement, par exemple en cas de forte averse. Ces stomates s'ouvrent pour rejeter de la vapeur d'eau, mais aussi pour absorber du gaz carbonique, essentiel à la photosynthèse qui assure la vie des plantes. Tous s'ouvrent ou se ferment en fonction de la température, de l'humidité et de la lumière, mais certains sont plus réactifs. Ceux du gingko, du charme et de l'aubépine s'ouvrent grand après la pluie, mais se referment très vite en cas de sécheresse, pour réduire les pertes en eau et prévenir le flétrissement.

L'ABSORPTION DE L'EAU PAR LES ARBRES

Les arbres accroissent la capacité du sol à absorber l'eau. Grâce à leur ombre et à leur litière de feuilles, la terre reste humide. Comme elle se dessèche aussi moins, elle ne forme pas en surface une croûte dure qui favorise le ruissellement. En outre, la litière filtre l'eau pluviale et ralentit sa pénétration dans la terre. En se décomposant, elle améliore aussi la structure du sol, ainsi que sa capacité d'absorption. Les racines, qui forment un réseau de petits canaux profondément enfoui, conduisent l'eau dans le sol, ce qui réduit le ruissellement et les risques d'inondation.

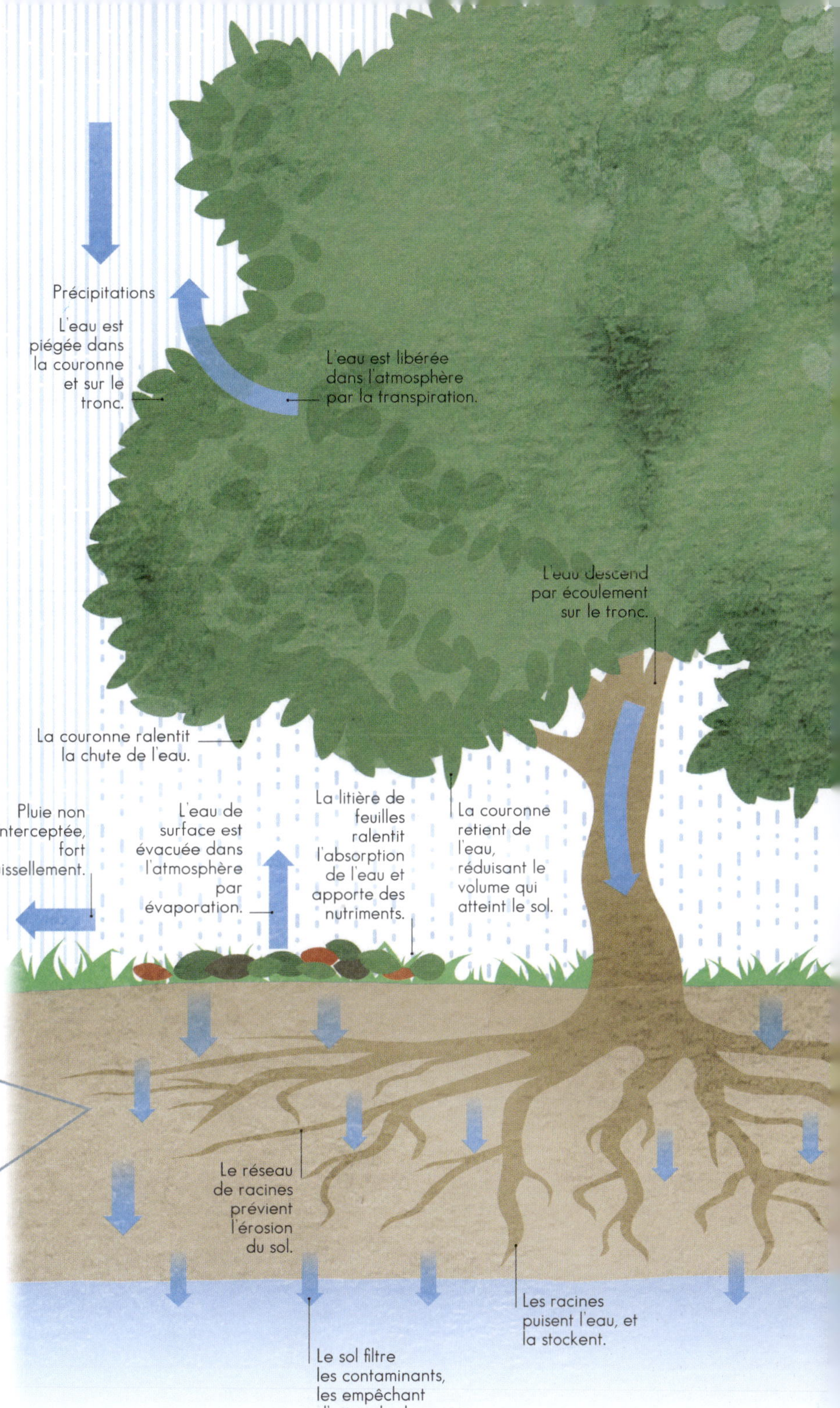

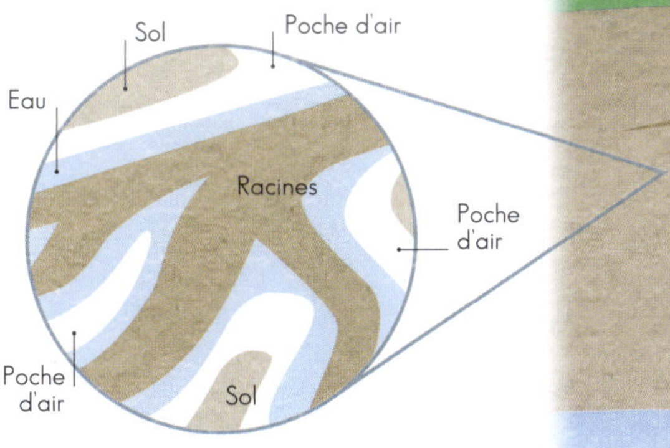

Les racines stabilisent le sol et puisent l'eau pour la stocker. Elles créent des poches d'air en profondeur, par où l'eau peut s'écouler jusqu'à la nappe phréatique.

CRÉEZ UN JARDIN NON INONDABLE

Pour être préservé des inondations, un jardin doit être densément planté. S'il y a de la place, introduisez un arbre ou deux ou, sinon, des arbustes, des vivaces et des couvre-sols, qui absorberont les eaux pluviales et réduiront le ruissellement vers les égouts. Une haie, entre le jardin et la rue, capte aussi beaucoup d'eau, tout en filtrant la poussière et les polluants (voir p. 20-29). Toutes ces mesures contribuent à un système de drainage urbain durable.

Complétez avec des grimpantes, accrochées à des treillages fixés sur les murs et les clôtures, et quelques potées près de la porte et sur la terrasse. Envisagez un toit végétalisé sur un garage ou une dépendance, avec des succulentes faciles à entretenir, mais demandez l'avis d'un spécialiste sur la conformité de la couverture et le choix des plantes.

Oubliez les dallages

Remplacez les dallages et pavages par des surfaces perméables, comme le gravier, le Grasscrete (matériau semi-perméable permettant la culture du gazon) ou les briques sur lit de sable. Réduisez vos allées carrossables, en les projetant précisément. Vous pouvez, par exemple, ne créer que deux bandes de roulement, en laissant l'espace médian aux plantes. Des espèces comme l'herbe aux écus et le thym rampant supportent l'ombre et un piétinement léger.

Collectez l'eau contre le ruissellement

Les récupérateurs constituent un excellent moyen de collecter et de stocker les eaux pluviales (voir p. 180). Ils réduisent notablement le volume du ruissellement dans le jardin, tout en fournissant une réserve d'eau gratuite pour irriguer les plantes durant les périodes de sécheresse.

Même un jardin minuscule peut constituer une protection contre l'inondation. Un couvre-sol, comme le thym, dans les joints d'un pavage, absorbe l'eau de pluie.

Décorez les terrasses avec des jardinières qui, tout en rendant le lieu plus agréable, sont autant d'« éponges végétales » pour absorber l'eau de pluie.

Un toit végétal sur une dépendance, abri à vélos ou local à poubelles, absorbe de l'eau de pluie. Les sedums conviennent bien, car ils sont rustiques et faciles à entretenir.

Laissez le sol respirer en optant pour des surfaces perméables, comme le gravier, les copeaux d'ardoise ou l'écorce, qui, en permettant à l'eau de pénétrer dans la terre, évitent le ruissellement.

UN JARDIN DE PLUIE SIMPLIFIÉ

Un jardin de pluie est une solution naturelle pour diminuer le ruissellement en zone inondable, puisqu'il capte, stocke et filtre l'eau pluviale. D'un faible entretien, il absorbe 30 % de plus qu'une pelouse, et ne demande en général aucun arrosage une fois que les végétaux sont plantés. En variant les espèces, vous favorisez la faune, dont les insectes et les oiseaux, ce qui est bénéfique pour l'environnement.

L'effet d'un drainage naturel

Pour créer un jardin de pluie, creusez une ou deux dépressions, comme pour une mare peu profonde, et garnissez-les de plantes (voir ci-contre). Lors d'une averse, la pluie des allées, carrossables ou non, et des terrasses s'y déverse. Elle y stagne et s'écoule peu à peu par drainage naturel et absorption par les plantes. Résultat, le ruissellement vers l'égout est faible, voire inexistant.

Si vous avez de l'espace, créez un dispositif encore plus important en creusant une petite tranchée depuis la descente de gouttière jusqu'au jardin de pluie. Mais dans ce cas, prenez l'avis d'un professionnel, car il faut prendre en compte la pente du terrain et, s'il y a lieu, l'existence d'une nappe phréatique haute ou d'une fosse septique. La superficie de la dépression doit être égale à 20 % environ de celle du toit.

Le jardin de pluie doit être situé à 3 m minimum de la maison, pour éviter les dégâts aux fondations. Si le terrain est en pente, on le place au point bas, là où l'eau de pluie s'accumule naturellement. Avant de creuser, vérifiez qu'il n'existe pas de canalisations de gaz ou d'électricité. Tracez la dépression au sol et éliminez la végétation, notamment le gazon.

Préparez le site

Creusez un trou d'une profondeur de 50 cm (ou de 60 cm en sol lourd, où l'eau stagne plus longtemps), avec des bords en pente et un fond plat. Utilisez la terre de l'excavation pour créer un rebord surélevé d'au moins 30 cm de large et d'une hauteur de 10 cm par rapport au niveau du sol (mais plus haut d'un côté si le terrain est en pente). Creusez une tranchée remplie de gravier pour que l'eau s'écoule vers la dépression et utilisez éventuellement des tuyaux pour canaliser le trop-plein d'une mare ou celui d'un système de drainage classique, comme un puits perdu.

Plantez des végétaux adaptés au lieu et au climat, capables de supporter aussi bien un sol détrempé que la sécheresse.

Pour mieux gérer l'eau, complétez le jardin de pluie par d'autres éléments, par exemple une mare (voir p. 56-57) et un récupérateur.

En cas de **grosse averse**, un **jardin de pluie** d'une **surface** équivalente à **1/5** de celle du **toit** qu'il dessert **absorbe** la totalité du **ruissellement.**

PLANTES POUR JARDIN DE PLUIE

Sélectionnez des plantes adaptées aux conditions de votre jardin, notamment pour l'ombre et l'ensoleillement.

PLANTES SUPPORTANT L'IMMERSION

Espèces acceptant une immersion partielle pour le jardin de pluie et le bord de la tranchée.

- **Rudbeckia** (*Rudbeckia hirta*)
- **Bugle rampante** (*Ajuga reptans*)
- **Campanule à bouquets** (*Campanula glomerata*)
- **Eulalie** (*Miscanthus sinensis*)
- **Astilbe** (*Astilbe ssp.*)
- **Hosta** (*Hosta ssp.*)
- **Iris** (*Iris ensata, I. sibirica*)
- **Géranium** (*Geranium Rozanne* 'Gerwat')
- **Helenium** (*Helenium ssp.*)
- **Crocosmia** (*Crocosmia* 'Lucifer')

GRANDES PLANTES POUR LIEUX PLUS SECS

- **Épine-vinette** (*Berberis vulgaris*)
- **Arbre aux papillons** (*Buddleja*)
- **Cornouiller sanguin** (*Cornus sanguinea*)
- **Sureau** (*Sambucus*)
- **Groseillier à fleurs** (*Ribes sanguineum*)
- **Forsythia** (*Forsythia*)
- **Viorne obier** (*Viburnum opulus*)
- **Eupatoire chanvrine** (*Eupatorium cannabinum*)
- **Lavatère** (*Lavatera*)
- **Seringat** (*Philadelphus*)
- **Amélanchier** (*Amelanchier*)
- **Millepertuis** (*Hypericum*)
- **Arbre à perruque** (*Cotinus*)

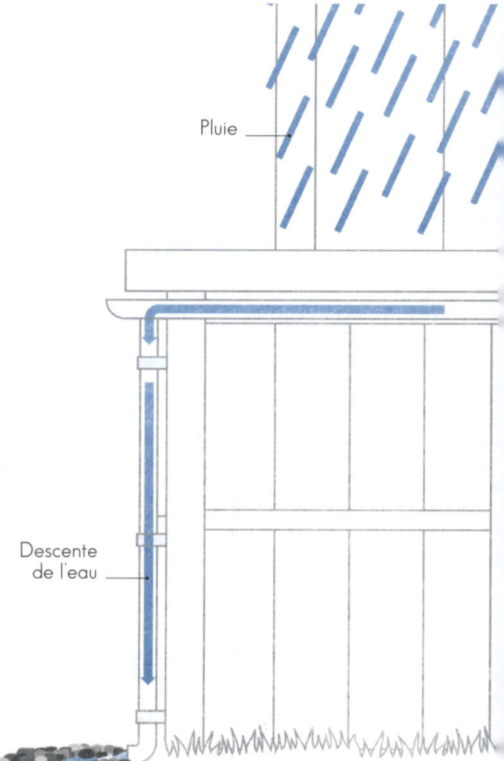

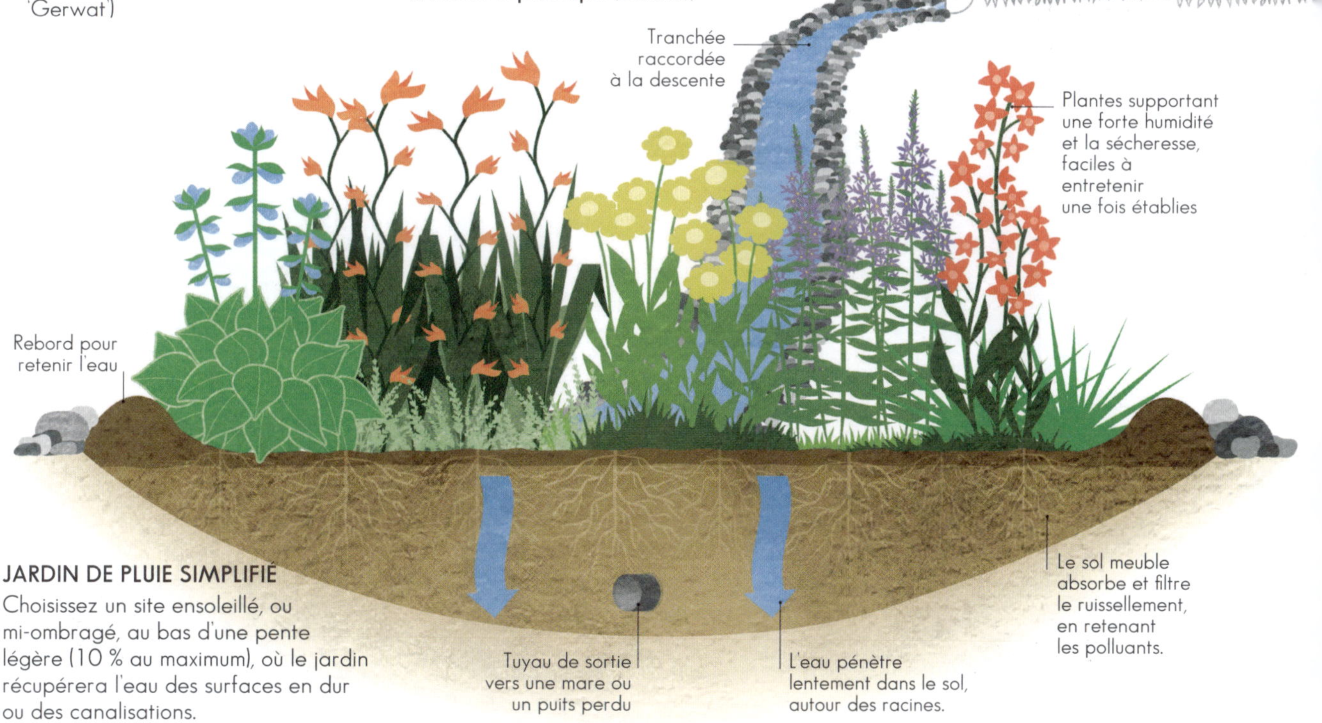

JARDIN DE PLUIE SIMPLIFIÉ

Choisissez un site ensoleillé, ou mi-ombragé, au bas d'une pente légère (10 % au maximum), où le jardin récupérera l'eau des surfaces en dur ou des canalisations.

Créez un jardin de pluie

L'eau des toits est précieuse. Une chaîne de pluie, qui semble n'être qu'ornementale, permet de diriger l'eau dans un réservoir de stockage ou directement dans un massif.

Le changement climatique menace la planète, mais chacun d'entre nous peut contribuer à la protéger. Ainsi, la création d'un jardin de pluie ou d'une allée carrossable perméable a un impact réel. Bénéfique à l'environnement et durable, un tel jardin de pluie est une réalisation fonctionnelle à la fois belle et passionnante à réaliser. Il s'agit de créer une zone qui favorise l'écoulement de l'eau de pluie dans le sol, jusqu'à la nappe phréatique. Elle compte des massifs de vivaces de milieux humides autour de surfaces dallées, avec des couvre-sols et des vivaces tapissantes dans les joints des dalles pour que l'eau pénètre dans la terre. Elle évite qu'après une forte pluie, le ruissellement sur les surfaces en dur aille directement dans l'égout. Par ailleurs, vous pouvez utiliser une chaîne de pluie pour collecter l'eau dans un réservoir, afin de l'utiliser pour l'arrosage.

Une allée carrossable perméable (à gauche) est une option esthétique et durable, comparée à celles revêtues de dalles de béton.

Les vivaces tapissantes, comme la bugle (ci-contre) et l'herbe aux écus (à droite), sont bien adaptées à une allée carrossable.

Par MATT KEIGHTLEY

Invitez chez vous les pollinisateurs

Les insectes pollinisateurs, dont les abeilles et les papillons, sont en déclin. Aidez-les en leur offrant le gîte et le couvert.

Nous dépendons des pollinisateurs pour une grande partie de notre alimentation. Mais les insectes sont en danger et nous pouvons les aider en faisant de notre jardin un refuge. Créez des abris leur convenant, cultivez des fleurs riches en pollen et en nectar qui s'épanouissent à diverses périodes de l'année et, pour les papillons, des espèces sources de nourriture pour les larves et à parfum nocturne.

LES POLLINISATEURS EN PÉRIL

Les pollinisateurs disparaissent rapidement. Dans certains pays d'Europe, 50 % des espèces d'abeilles sont menacées. Les causes sont connues : perte de l'habitat, changement climatique, pesticides et développement des maladies et des parasites. L'acarien *Varroa* ravage les colonies d'abeilles mellifères, et bien des pollinisateurs sauvages, comme les bourdons et les abeilles solitaires, sont eux aussi en déclin. En France, 16 espèces de papillons de jour sont menacées d'extinction.

Selon des recherches récentes, les papillons de nuit, comme ce grand sphinx de la vigne, posé ici sur un compagnon rouge, sont des pollinisateurs majeurs.

Les pommiers sont en général pollinisés par les insectes.

POLLINISÉS PAR DES INSECTES

Beaucoup de fruits et de légumes doivent être pollinisés par des insectes.

FRUITS

- **Fraisier** (*Fragaria x ananassa*)
- **Pommier** (*Malus domestica*)
- **Myrtille** (*Vaccinium corymbosum*)
- **Framboisier** (*Rubus idaeus*)
- **Groseillier** (*Vaccinium oxycoccos*)

LÉGUMES

- **Fève** (*Vicia faba*)
- **Pois** (*Pisum sativum*)
- **Courgette** (*Cucurbita pepo*)
- **Chou broccoli** (*Brassica oleracea* var. *italica*)
- **Oignon** (*Allium cepa*)
- **Asperge** (*Asparagus officinalis*)

Le rôle essentiel des pollinisateurs

Les abeilles sont des pollinisateurs majeurs. L'abeille mellifère pollinise 70 des 100 espèces (environ) qui assurent 90 % de notre alimentation. Pour fournir le lait et la viande, les animaux d'élevage ont besoin de plantes comme le haricot et le trèfle, pollinisées. Les graines, les baies et les fruits issus de la pollinisation nourrissent bien d'autres animaux et maintiennent la diversité génétique des plantes à fleurs. Si les pollinisateurs disparaissaient, beaucoup de plantes s'éteindraient également.

Les hôtes de nos jardins

En Europe et en Amérique du Nord, les jardins urbains peuvent entretenir des densités plus fortes de bourdons et d'abeilles solitaires que les campagnes. Les espèces d'abeilles qui se nourrissent d'une grande diversité végétale y prospèrent aussi.

Certaines plantes sont pollinisées par le vent ou l'eau, mais ce sont surtout des animaux qui transfèrent le pollen des organes mâles aux organes femelles des fleurs. Les oiseaux et les chauves-souris sont de « gros » pollinisateurs, mais les plus nombreux sont des insectes – abeilles, guêpes, mouches, coléoptères, papillons –, qui forment une vaste armée pollinisant la plus grande partie des espèces de nos jardins et de nos potagers.

En général, les pollinisateurs visitent les fleurs pour en obtenir une récompense nutritionnelle : du nectar (liquide sucré) ou du pollen, ou les deux. Les papillons ne prélèvent que du nectar, avec leur trompe.

Sans les insectes, bien des plantes, dont les légumes, ne produiraient que des fleurs, mais pas de fruits. Certaines espèces, dont des tomates, sont autopollinisatrices, mais, pour beaucoup de variétés, le rendement est plus élevé lorsqu'elles sont pollinisées.

POUR AIDER LES POLLINISATEURS

Comment favoriser les pollinisateurs? Selon une étude de la Société royale d'horticulture britannique, le meilleur moyen consiste à cultiver une grande diversité de plantes à la fois locales et des deux hémisphères.

Une large variété

Les pollinisateurs sont attirés par des fleurs de diverses formes. Il faut donc en proposer une large gamme. Les raisons de leurs préférences restent toutefois mystérieuses. Les syrphes semblent préférer les fleurs ouvertes, comme l'angélique, le panicaut et le fenouil, dont le pollen et le nectar sont faciles à atteindre. Beaucoup d'insectes sont attirés par les fleurs de la famille des marguerites. Les papillons et certains bourdons, dotés d'une trompe, recherchent plutôt les fleurs tubulaires (digitale, ancolie). Au potager, attirez les pollinisateurs avec des aromatiques : bourrache, ciboulette, marjolaine, menthe, romarin, sauge. Observez quelles sont les fleurs les plus visitées dans votre jardin.

Une place au soleil

Beaucoup d'espèces à fleurs préfèrent le soleil, et beaucoup de pollinisateurs, dont les papillons, préfèrent les plantes de plein soleil. Comment l'expliquer? Le soleil favorise la production de nectar et les insectes dépensent moins d'énergie à la chaleur.

Associez les plantes de manière que les floraisons se succèdent et donnent du pollen et du nectar une bonne partie de l'année, surtout durant la grande période d'activité des pollinisateurs, de février à octobre. Si vous avez de la place, plantez un arbre qui fournit très tôt du pollen aux abeilles, comme le saule et le noisetier. En outre, les arbres ont souvent une floraison abondante, ce qui est bon pour les insectes. Les plantes exotiques sont précieuses pour la fin de l'été.

Prolongez la floraison en supprimant régulièrement les fleurs fanées. Pour un certain nombre d'espèces qui fleurissent au début du printemps, vous pouvez aussi les rabattre près du pied après leur première floraison, afin qu'elles repartent et en donnent une seconde.

Un hôtel à insectes est constitué de compartiments remplis de matériaux naturels, offrant un abri à diverses espèces d'insectes. Utilisez le bois mort, les feuilles, l'écorce et des tiges creuses.

Les abeilles, les papillons et les autres insectes sont attirés par les fleurs épanouies, comme ici des asters, dont le pollen et les nectars sont faciles d'accès.

Des habitats adaptés

En laissant pousser librement une partie de la pelouse, vous offrez un refuge à de nombreuses espèces de papillons et à certains bourdons. Laissez en place les tiges mortes et sèches, car des insectes s'y abritent. Un hôtel à insectes, acheté ou construit par vos soins, sera habité durant l'hiver par de nombreux pollinisateurs et d'autres invertébrés. Les tiges creuses et les bambous de 15 à 20 mm de diamètre sont appréciés par les abeilles solitaires. Recoupez-les en tronçons de 10 à 20 cm de longueur, puis attachez-les en petites gerbes, avant de les suspendre dans un endroit abrité et ensoleillé, à environ 1,5 m du sol.

Par ailleurs, les pollinisateurs ont besoin de boire. Un plat creux, avec quelques pierres ou brindilles pour se percher, convient parfaitement. Et si vous avez de l'espace, créez une mare naturelle (voir p. 56-57) qui attirera les insectes. bannissez les pesticides (voir p. 50-51).

Couleurs invisibles

Toutes les couleurs n'exercent pas la même attirance sur les pollinisateurs. C'est ainsi qu'on a prouvé que le rouge n'est pas très attractif. Les abeilles et la plupart des insectes, qui ont une bonne vision, distinguent mieux les bleus du spectre et, au-delà, l'ultraviolet. Beaucoup de fleurs, comme celles de la spirée 'Grefsheim' (ci-dessous), présentent d'ailleurs des marques ultraviolettes, invisibles à l'œil humain, que les abeilles voient parfaitement. On les appelle des « guides de nectar », car on pense qu'elles servent aux insectes à atterrir au bon endroit pour récolter le nectar et le pollen.

CRÉEZ UNE PRAIRIE FLEURIE

Les prairies pleines de fleurs sauvages sont visitées par une multitude d'insectes, qui y trouvent leur nourriture. Ces insectes servent à leur tour d'aliments à beaucoup d'oiseaux et de petits mammifères. Malheureusement, les prairies fleuries de nos campagnes sont de plus en plus rares, mais il est possible de les faire revivre dans nos jardins. Pour ce faire, il n'est pas nécessaire de disposer de beaucoup d'espace : vous pouvez même semer des fleurs sauvages dans une jardinière.

Une prairie dans votre jardin

Dans un vaste jardin, vous pouvez créer un espace « prairie fleurie » dans la pelouse, ou en faire un lieu de transition entre différentes parties. Semez un mélange de graines pour prairie fleurie dans un sol bien préparé, comme pour un gazon classique.

Les fleurs sauvages poussent mieux en sol pauvre. Si votre terre a été fertilisée, il vaut mieux lui enlever la couche supérieure. Il faut aussi désherber soigneusement, pour éviter que les annuelles soient étouffées par les herbes vivaces. Ajoutez au mélange des graines de petit rhinanthe, qui favorise la croissance des annuelles. Lorsque la prairie s'établit et que les fleurs s'épanouissent, les insectes se font de plus en plus nombreux.

En jardinière

Au grand soleil, les fleurs sauvages annuelles viennent bien en jardinière et en bac. Après la floraison, ne touchez pas aux tiges fanées

Les mélanges pour prairie fleurie, comme celui-ci qui mêle des annuelles originaires de différentes régions du monde, attirent des insectes pollinisateurs durant tout l'été.

qui servent d'abri hivernal aux insectes et à d'autres animaux. Au printemps suivant, nettoyez bien la terre et effectuez un nouveau semis.

Cultiver des fleurs sauvages en jardinière permet d'expérimenter chaque année de nouvelles fleurs et de nouvelles couleurs. Certains mélanges privilégient les annuelles messicoles qui poussaient autrefois dans les champs de blé.

PETIT RHINANTHE
(*Rhinanthus minor*)

VOTRE PRAIRIE FLEURIE

Pour réussir une prairie de vivaces, suivez ces étapes.

- Choisissez un endroit dégagé, en plein soleil.
- Désherbez en éliminant les vivaces, notamment les orties, les chardons et l'oseille, pour semer au printemps ou en début d'automne.
- Si le sol a été fertilisé, éliminez d'abord une couche de 15 à 20 cm, avant de ratisser pour ameublir et émietter la terre.
- Choisissez un mélange adapté aux conditions de culture.
- Suivez les instructions du grainetier. Passez le rouleau ou plombez (tassez) la terre pour que les graines y adhèrent.
- Si le temps est sec, arrosez légèrement au moment du semis. Par la suite, l'arrosage sera inutile.
- La première année, tondez la prairie quand elle atteint 10 à 15 cm de haut, et ramassez les déchets qui auraient un effet fertilisant.
- À partir de la deuxième année, fauchez ou tondez après la floraison, mais en laissant une parcelle intacte jusqu'au printemps, pour qu'elle serve de refuge à la faune sauvage.

UN JARDIN DE SENTEURS NOCTURNES

La nuit, le jardin se fait enchanteur. Les fleurs et les feuillages clairs luisent sous la faible lumière et de nombreuses plantes répandent leurs senteurs envoûtantes. Certaines espèces, telle l'onagre bisannuelle (*Oenothera biennis*), sont pollinisées par des insectes crépusculaires, ou nocturnes, notamment les papillons de nuit, et leurs fleurs ne s'ouvrent qu'à l'obscurité. Les fleurs jaune claire au parfum délicat de l'onagre captent les dernières lueurs du jour. Celles du jasmin étoilé et de la julienne des dames sont à la fois diurnes et nocturnes, et elles augmentent leurs chances d'être pollinisées en émettant aussi du parfum la nuit.

Pour en profiter, tout en offrant du nectar aux papillons de nuit, choisissez bien vos plantes. En pleine terre ou en pot, dans un endroit abrité, cultivez des grimpantes parfumées, comme le chèvrefeuille, ou des annuelles, comme le tabac d'ornement et la giroflée odorante. Les papillons de nuit contribuent à la biodiversité. Les adultes et les chenilles sont recherchés par bien des animaux : oiseaux, chauves-souris, grenouilles, crapauds, lézards, hérissons et araignées.

Pour les papillons de nuit

Pour attirer les papillons de nuit, comme ce sphinx du liseron (ci-contre), qui se nourrit sur les fleurs tubulaires du tabac d'ornement, cultivez des fleurs nectarifères et laissez se développer de grandes graminées et de hautes tiges, qui leur fourniront des abris. Les chenilles se nourrissent sur diverses plantes, notamment sur des arbres (chêne, charme, bouleau, saule, aubépine). Un jardin qui abrite une faune sauvage diversifiée est naturellement équilibré, ce qui réduit la menace des parasites. Les papillons de nuit, précisément, attirent une faune nombreuse, notamment des oiseaux et des chauves-souris.

1

2

3

4

5

DES PLANTES DE NUIT

Pour attirer des pollinisateurs nocturnes, privilégiez les fleurs qui s'ouvrent et qui émettent du parfum la nuit.

1 Chèvrefeuille des bois (*Lonicera periclymenum*) Très parfumé le soir, il attire les papillons de nuit pollinisateurs.

2 Julienne des dames (*Hesperis matronalis*) Ses fleurs violettes, lilas ou blanches sont intensément parfumées la nuit.

3 Giroflée odorante (*Matthiola longipetala subsp. bicornis*) Ses fleurs mauves, roses ou blanches émettent un parfum suave au crépuscule.

4 Phlox de nuit (*Zaluzianskya ovata*) Le parfum nocturne de ses corolles blanches à extérieur pourpre est très entêtant.

5 Silène de nuit (*Silene noctiflora*) Ses fleurs s'ouvrent à la nuit tombée, pour attirer les papillons nocturnes.

De l'été au début de l'automne, les fleurs jaunes parfumées de l'onagre commune s'ouvrent le soir et ne se referment qu'en fin de matinée.

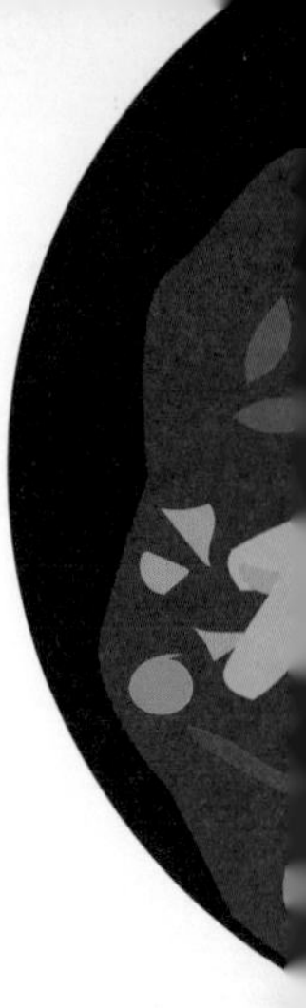

Votre jardin est-il vraiment « vert » ?

En devenant un jardinier plus durable, vous préservez votre environnement, la faune, la planète – et vous-même !

Votre méthode de jardinage a un effet lourd sur l'environnement, à la fois local et général. Elle peut être positive ou négative. Le terreau que vous achetez, ainsi que les pots, les engrais, les machines et même les plantes, peuvent avoir un effet néfaste s'ils ne sont pas écologiques. Comment savoir ? « Réduire, réutiliser, recycler et récupérer » est une bonne règle pour commencer. Tout ce qui peut réduire les émissions directes ou indirectes de gaz à effet de serre contribue à sauvegarder la planète.

JARDINER « VERT »

En France, on utilise des centaines de millions de pots et de caissettes en matière plastique par an. Beaucoup finissent dans les décharges, où ils leur faudra des siècles pour se décomposer, et d'autres sont brûlés. Dans les deux cas, ils libèrent des toxines, dont certaines cancérigènes, que l'on retrouve dans le sol et dans les nappes phréatiques, ainsi que des substances chimiques volatiles et des gaz à effet de serre. Le plastique est issu pour l'essentiel du pétrole, non renouvelable, ce qui entraîne une pollution et un réchauffement climatique. Les pots recyclés ne sont qu'un moindre mal, car leur fabrication inclut du plastique neuf et consomme de l'énergie.

Vous pouvez réutiliser les pots en plastique que vous possédez déjà. Et si vous en avez en trop, donnez-en à d'autres jardiniers. Mais préférez les pots de terre cuite et les récipients récupérés (tonneaux, bassines en métal). En jardinerie, vous trouvez aussi des pots biodégradables en paille de riz, en bambou ou en fibre de bois. Certains peuvent être mis en terre avec la plante, ce qui évite d'endommager la motte, et les autres, réduits en morceaux, vont sur le tas de compost.

Le **compostage au jardin**, au lieu d'envoyer des **déchets verts** en **décharge**, peut éviter la production de **350 kg de gaz à effet de serre** par an.

Dans une **décharge**, les épluchures des fruits et des légumes, riches en azote, libèrent du **méthane**, un **gaz nocif**, dans l'**atmosphère**. Dans un tas de **compost**, mélangées à des **feuilles**, des **rameaux** et des **tiges**, riches en **carbone**, elles donnent un **engrais équilibré**.

L'indispensable compostage

Le tas de compost est le cœur de tout jardin écologique. Dans les décharges d'ordures ménagères, en milieu anaérobie (sans oxygène), les déchets verts libèrent du méthane, un gaz à effet de serre vingt-huit fois plus néfaste que le gaz carbonique. En compostant les épluchures et les déchets de tonte et de taille dans un tas aéré, vous contribuez à réduire les volumes mis en décharge et l'énergie nécessaire pour le transport. Vous obtenez un compost qui améliorera la structure et la fertilité de votre terre. En outre, un compost maison, relativement facile à préparer (voir p. 204-205), retient l'humidité, ce qui diminue les besoins en eau. Et si vous en avez suffisamment, il sert aussi d'engrais et de paillage. Même dans un espace minuscule, vous pouvez avoir un bac à compost, ou encore un composteur à chaud qui peut éventuellement traiter certains plats cuisinés (voir p. 205).

Pour limiter les émissions de gaz à effet de serre, évitez les moteurs thermiques pour les outils de jardin ; préférez l'énergie solaire ou des hybrides (panneaux solaires / batteries). Et une tondeuse manuelle est plus écologique qu'une tondeuse autotractée !

Une vieille **tondeuse à essence** émet en 1 heure autant de **pollution atmosphérique** qu'une **voiture moderne** pour parcourir 550 km.

Pas de tourbe !

L'extraction de la tourbe pour en faire du compost est préjudiciable à l'environnement et à la faune. Les tourbières se sont formées durant des millénaires. Ces habitats rares et précieux sont aussi des « puits de carbone ». Ils compressent de gros volumes de matières végétales qui, en séchant, libèrent du gaz carbonique qui accélère le réchauffement. Utilisez donc les alternatives à la tourbe.

FAITES VOTRE PROPRE COMPOST

En plus de respecter l'environnement, un tas de compost, ou un composteur, recycle les déchets végétaux, les épluchures des fruits et des légumes, et même le carton et le papier. Plus important, il favorise la faune, petite et grande, et la biodiversité, ce qui est essentiel pour que votre jardin soit beau, riche et productif.

Travailleurs de l'ombre

Le compostage implique des milliards de micro-organismes (bactéries, champignons) et de nématodes, de vers et de coléoptères. Dans des conditions appropriées, cette faune décompose les matières végétales pour en faire un terreau friable, de couleur presque noire. Le processus permet le retour à la terre des nutriments, lorsque le compost est enfoui, ce qui améliore la fertilité et la structure du sol, ou épandu en paillage. Il peut aussi servir de base pour préparer un bon terreau de rempotage.

Placez le bac ou le tas de compost sur une surface plane de terre nue pour permettre le drainage et la remontée des vers de terre. Il peut être au soleil ou à mi-ombre, mais évitez les températures extrêmes. Sur une surface solide (cour ou terrasse), versez quelques pelletées de terre au fond du bac, et introduisez-y des vers de terre.

Un bon équilibre

Pour un tas, un bac ou un composteur fermé, l'essentiel est d'arriver à l'équilibre entre les composants verts et bruns, l'eau, l'air et les microbes. Il faut compter environ un quart de déchets verts : tontes de gazon (riches en azote), feuillages et tiges vertes, épluchures de fruits et de légumes. Les déchets bruns sont les feuilles mortes, les tiges sèches, le papier et le carton déchiquetés (voir ci-contre). En broyant préalablement les matières brutes, vous accélérez le processus de décomposition.

Si le compost devient visqueux et malodorant, c'est qu'il est trop humide : les matières vertes sont sans doute en excès par rapport aux brunes. Si vous ajoutez peu à peu les ingrédients, disposez-les par couches, en alternant déchets verts et déchets bruns.

Humide et aéré

Le compost doit être suffisamment humide et aéré pour permettre la vie des micro-organismes. S'il est trop humide et trop lourd, retournez-le de temps en temps pour bien le mélanger et l'aérer. En le couvrant avec un couvercle ou de la vieille moquette, vous favorisez la montée en température, qui accélère le processus de décomposition. Pour que votre compost soit prêt à être utilisé, il faut compter 6 mois.

Le **compostage** épargne environ **150 kg de déchets** ménagers par foyer et par an à la **collecte communale.**

VERTS (RICHES EN AZOTE)

- Tontes et litière de certains animaux domestiques (en petite quantité).
- Plantes herbacées, mauvaises herbes (sans graines).
- Épluchures de fruits et de légumes, sachets de thé (non plastifiés).

BRUNS (RICHES EN CARBONE)

- Déchets de taille ligneux, feuilles mortes, paille, copeaux.
- Papier, journaux et carton déchiquetés, contenu du sac de l'aspirateur.

À NE PAS COMPOSTER

- Pain, viande, produits laitiers.
- Huile de cuisine.
- Plantes malades ou infestées.
- Plantes traitées à l'herbicide ou aux pesticides.
- Papier glacé ou couché.
- Excréments d'animaux carnivores, litière de chat.

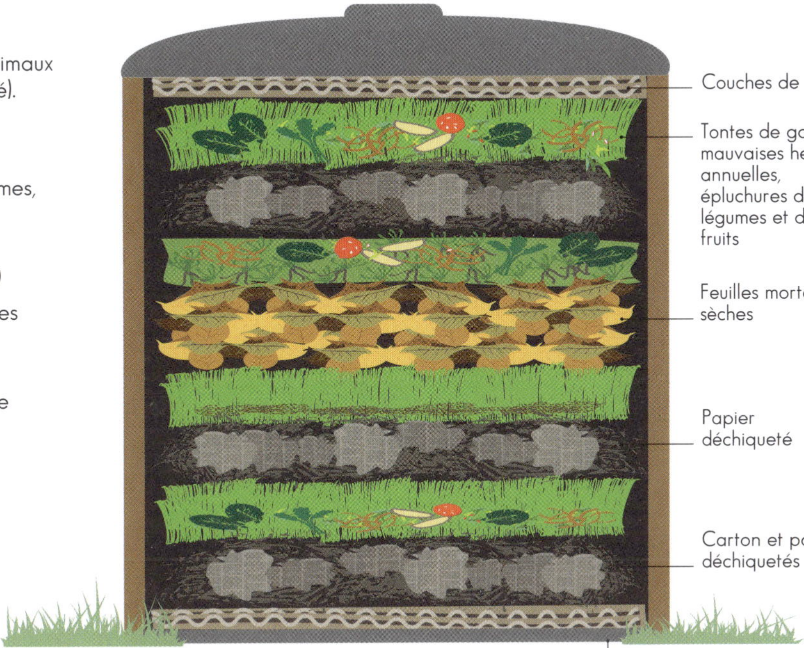

UN MÉLANGE ÉQUILIBRÉ

Pour un bon équilibre, comptez 25 à 50 % de déchets verts et 50 à 75 % de déchets bruns. Alternez des couches bien mélangées, pour que l'aération soit bonne. Placez du grillage au-dessous du composteur pour dissuader les rats, et couvrez-le pour favoriser la montée en température.

Pour les petits espaces

Le **composteur à chaud** tient peu de place. C'est un bac bien isolé, où la température atteint 60 °C, voire plus. Ce système accélère le processus : le compost est prêt au bout de 30 à 90 jours. Il élimine les agents pathogènes et permet de composter davantage d'aliments crus et certains plats cuisinés. On utilise des copeaux pour l'aération et du papier déchiqueté pour maintenir le taux d'humidité.

Le lombricomposteur fait appel aux vers pour décomposer les déchets de cuisine et certains déchets du jardin. Les lombrics sont plus actifs entre 18 et 25 °C. Il se forme un liquide que l'on récupère et que l'on dilue pour l'utiliser comme engrais.

Des fleurs coupées sans kérosène

Les fleurs coupées viennent souvent de très loin, en avion. En cultivant ou en achetant des fleurs locales, vous réduisez votre empreinte carbone.

La culture d'un potager permet de supprimer radicalement les kilomètres alimentaires, mais qu'en est-il des fleurs coupées ? Beaucoup sont cultivées dans des contrées lointaines et franchissent des milliers de kilomètres, avec des conséquences néfastes pour l'environnement. Mais en les faisant pousser vous-même ou en achetant des fleurs locales, vous profitez de leur beauté tout en préservant la planète.

RÉDUIRE LES COÛTS DE L'HORTICULTURE

Tout ce que l'on achète, de l'avocat au zinnia, a un effet sur l'environnement. Beaucoup de plantes et de fleurs sont cultivées loin d'ici et transportées par avion sur des milliers de kilomètres, d'où une pollution importante. Quelque 45 % des fleurs coupées vendues dans le monde sont produites au Kenya, en Éthiopie, en Colombie et en Équateur. Le pourcentage est moins important pour les plantes d'ornement, mais beaucoup sont importées, notamment des Pays-Bas. L'importation de végétaux représente un risque d'introduction de parasites et de maladies, dont la chalarose du frêne, la mort subite du chêne et la bactérie *Xylella* qui peut infester plus de 350 types de plantes, dont des espèces locales.

Toutefois, beaucoup d'horticulteurs français se préoccupent de ces questions, concernant notamment l'utilisation des produits chimiques et la gestion de l'eau et des déchets. Achetez chez les fleuristes qui s'approvisionnent chez des professionnels de ce type.

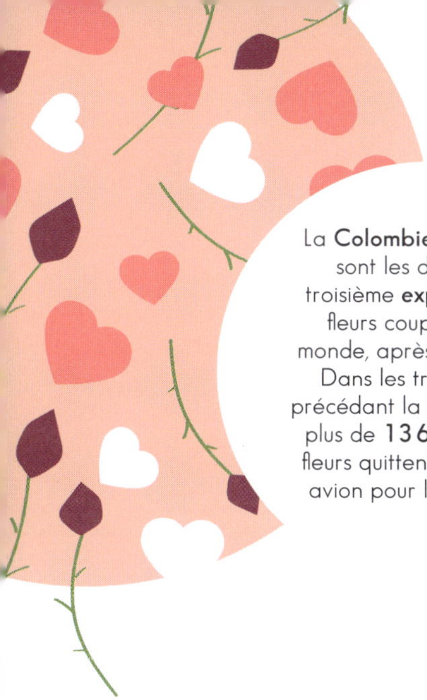

La **Colombie** et l'**Équateur** sont les deuxième et troisième **exportateurs** de fleurs coupées dans le monde, après les **Pays-Bas**. Dans les trois semaines précédant la **Saint-Valentin**, plus de **13 600 tonnes** de fleurs quittent ces pays par avion pour les **États-Unis**.

Un vol du **Kenya** aux **Pays-Bas** émet environ **3 800 kg** de gaz carbonique. Il faudrait planter et cultiver **80 arbres** pendant **10 ans** pour **compenser** cette **pollution atmosphérique**.

Dans les trois semaines précédant la **Saint-Valentin**, la **Colombie** et l'**Équateur** expédient aux **États-Unis** l'équivalent de **60 avions-cargos** de fleurs, soit environ **114 millions de litres** de **carburant**, qui libèrent **360 000 tonnes** de **gaz carbonique**.

Pour approvisionner les principaux grossistes en **fleurs coupées**, les **roses** parcourent environ **6 680 km** depuis le **Kenya** jusqu'à Amsterdam, et **4 000 km** de la **Colombie** à **Miami**, aux États-Unis.

Le coût écologique de la Saint-Valentin

Le plaisir de fleurir nos salons se paie cher sur le plan de l'environnement. Les ventes de roses, par exemple, symboles de l'amour et de la passion, connaissent un pic lors de la Saint-Valentin, mais ces fleurs sont aussi diffusées toute l'année dans le monde entier. On les cultive au Kenya, en Éthiopie, en Équateur et en Colombie, où les techniques rudimentaires ont moins d'impact sur l'environnement que les serres chauffées d'Europe. Il reste toutefois que leur transport par avion est une source importante de pollution. Les roses kényanes sont en général exportées aux Pays-Bas, qui les distribuent en Europe par route et par mer, ajoutant encore à leur empreinte carbone. En cultivant chez vous des fleurs à couper ou en achetant la production locale, vous contribuez à sauvegarder la planète.

DES FLEURS À COUPER POUR TOUTE L'ANNÉE

Choisissez des espèces de fleurs à bouquet adaptées au climat, au sol et à l'ensoleillement (plein soleil, mi-ombre, ombre). En général, elles préfèrent une terre humide et bien drainée et un site abrité et ensoleillé. Cependant, les bulbes de printemps et certains arbustes acceptent la mi-ombre. Enfouissez des matières organiques quelques semaines avant la plantation, au printemps, ou en automne, en sol lourd.

Deux types de culture

Vous pouvez consacrer un massif ou une planche du potager aux fleurs coupées, cultivées en lignes, ou répartir des vivaces dans les massifs existants

TOURNESOL, OU SOLEIL
(*Helianthus annuus*)
Annuelle à floraison estivale

TULIPE PERROQUET
(*Tulipa* 'Texas Flame')
Bulbe de printemps

POIS DE SENTEUR
(*Lathyrus odoratus*)
Annuelle à floraison estivale

NARCISSE
(*Narcissus*)
Bulbe de printemps

pour composer des bouquets. Espacez suffisamment les plantes pour que la cueillette soit facile. Par ailleurs, les fleurs, les baies et les feuillages persistants d'arbres et arbustes constituent aussi une matière première pour vos bouquets.

En toute saison

Si vous avez les bonnes plantes, vous cueillerez toute l'année des fleurs, des feuilles, des tiges, des baies et des infrutescences pour décorer votre intérieur. En hiver, les feuillages persistants et les tiges colorées sont aussi décoratifs que les fleurs printanières.

Plantez des bulbes de printemps en automne pour avoir des fleurs fraîches en début d'année. Au début du printemps, semez en godet et en caissette des annuelles (cosmos, muflier, tournesol) et sortez les plants après les gelées. Pour bien occuper l'espace, repiquez-les parmi les bulbeuses, dont les feuilles se fanent.

Les vivaces, comme le panicaut et le penstemon, refleurissent généreusement chaque année, si vous déposez au pied des plantes des matières organiques, notamment du compost de jardin bien décomposé, au printemps.

DAHLIA
(*Dahlia* 'Carolina *Wagemans*')
Vivace à floraison estivale et automnale

MONNAIE-DU-PAPE
(*Lunaria annua*)
Annuelle rustique avec fructification automnale

NIGELLE DE DAMAS
(*Nigella damascena* 'Miss Jekyll Blue')
Annuelle à floraison estivale

AIL D'ORNEMENT
(*Allium hollandicum* 'Purple Sensation') Bulbe à floraison printanière et infrutescences estivales

UN RÊVE D'HIVER
Dans le jardin du centre artistique Hauser & Wirth, en Angleterre, créé par le Néerlandais Piet Oudolf, les tiges d'*Echinacea pallida* se mêlent aux graminées, sous le givre, pour offrir une scène presque onirique, tout en servant de refuge aux insectes.

INDEX

Les folios en *italique* renvoient aux illustrations.

SOURCES

Le potentiel antipollution des plantes

Abhijith et al. (2017). "Air pollution abatement performances of green infrastructure in open road and built-up street canyon environments - A review". *Atmospheric Environment*, 162: 71-86.

Blanuša, T. (2019), pers. comm., RHS principal horticultural scientist, Ecosystem Services.

Blanuša, T., Garratt, M., Cathcart-James, M., Hunt, L., Cameron, R.W.F. (2019). "Urban hedges : A review of plant species and cultivars for ecosystem service delivery in northwest Europe". *Urban Forestry & Urban Greening*, 44. 126391.

Blevin, R. (2019). "Plant hedges to combat near-road pollution exposure". University of Surrey. www.surrey.ac.uk/news/plant-hedges-combat-near-road-pollution-exposure

Dover, J., Phillips, S. (2015). "Particulate pollution capture by green screens along the A38 Bristol Street in Birmingham". The Green Wall Centre, Staffordshire University. Final Report, vol. 3 16-11-15. www.staffs.ac.uk/research/greenwall

Dzierżanowski, K., Popek, R., Gawrońska, H., Sæbø, A., Gawroński, S.W. (2011). "Deposition of particulate matter of different size fractions on leaf surfaces and in waxes of urban forest species". *International Journal of Phytoremediation*, 13:10, 1037-1046.

Ferranti, E.J.S., MacKenzie, A.R., Levine, J.G., Ashworth, K., Hewitt, C.N. (2019). "First steps in air quality for built environment practitioners". Technical Report. University of Birmingham & TDAG (non publié).

Janhäll, S. (2015). "Review on urban vegetation and particle air pollution - Deposition and dispersion". Swedish National Road and Transport Research Institute-VTI, Sweden. *Atmospheric Environment*, 105: 130-137.

Office for National Statistics. (2018). "UK air pollution removal : How much pollution does vegetation remove in your area ?" www.ons.gov.uk/economy/environmentalaccounts/articlesukairpollutionremovalhowmuchpollutiondoesvegetationremoveinyourarea/2018-07-30

Royal College of Physicians (2016). "Every breath we take : The lifelong impact of air pollution". London, RCP. www.rcplondon.ac.uk/projects/outputs/every-breath-we-take-lifelong-impact-air-pollution

Royal Horticultural Society. "Hedges : selection". www.rhs.org.uk/advice/profile?PID=351

Sæbø, A., Popek, R., Nawrot, B., Hanslin, H.M., Gawronska, H., Gawronski, S.W. (2012). "Plant species differences in particulate matter accumulation on leaf surfaces". *Sci Total Environ*, 15: vols 427-428: 347-54.

Stubley, P. (2018). "First evidence of soot air pollution reaching the placenta found in London mothers, new study says". www.independent.co.uk/news/health/air-pollution-pregnant-women-london-study-placenta-first-evidence-a8539861.html

The Tree Council. "Urban hedges reduce the impact of air pollution". www.treecouncil.org.uk/Press-News/Hedges-reduce-the-impact-of-air-pollution

Townsend, M. (2018). "What is air pollution and what can I do to help ?". Woodland Trust. www.woodlandtrust.org.uk/blog/2018/05/air-pollution/

Weerakkody et al. (2018). "Evaluating the impact of individual leaf traits on atmospheric particulate matter accumulation using natural and synthetic leaves". The Green Wall Centre, Staffordshire University. *Urban Foresty & Urban Greening*, 30: 98-107.

Wolverton, B.C. (2008). *How to Grow Fresh Air : 50 Houseplants that Purify Your Home or Office*. London, Weidenfeld & Nicolson.

Le potentiel antibruit des plantes

Azkorra, Z., Pérez, G., Coma, J., Cabeza, L.F., Bures, S., Álvaro, J.E., Erkoreka, A., Urrestarazu, M. (2015). "Evaluation of green walls as a passive acoustic insulation system for buildings". *Applied Acoustics*, 89: 46-56.

Calarco, F.M.A. (2015). "Soundscape design of water features used in outdoor spaces where road traffic noise is audible". School of Energy, Geoscience, Infrastructure and Society, Heriot-Watt University.

Dobson, M., Ryan, J. (2000). "Trees and shrubs for noise control". Arboricultural Advisory and Information Service, APN 6.

Dr Patrick Osborne (2019), pers. comm. Reader in Applied Ecology, Director of Programmes for Environmental Science, University of Southampton - consultation on sound.

Yang, F., Bao, Z., Zhujun, Z., Liu, J. (2010). "The investigation of noise attenuation by plants and the corresponding noise-reducing spectrum". *Journal of Environmental Health*, 72(8): 8-15.

Un jardin faiblement allergène

2010 RHS Chelsea Flower Show Garden, University of Worcester Garden by Olivia Kirk. www.oliviakirkgardens.com/university-of-worcester.php

www.allergicliving.com/2013/03/14/low-allergy-plants/

www.allergyuk.org/information-and-advice/statistics

Nex, S. "Not to Be Sniffed at". www.rhs.org.uk/about-the-rhs/publications/the-garden/2018-issues/march/allergen-planting-not-to-be-sniffed-at.pdf

Ogren, T.L. (2015). *The Allergy-Fighting Garden : Stop asthma and Allergies with Smart Landscaping*. Berkeley, Ten Speed Press.

Sedghy, F., Varasteh, A., Sankian, M., Moghadam, M. (2018). "Interaction between air pollutants and pollen grains : The role on the rising trend in allergy". *Rep. Biochem. Mol. Biol.*, 6(2): 219-224. www.ncbi.nlm.nih.gov/pmc/articles/PMC5941124/

Gérez les parasites par des moyens naturels

www.defenders.co.uk/about-defenders/about-defenders.html

Flowerdew, B. (2000). *Bob Flowerdew's Complete Book of Companion Gardening*. London, Kyle Books.

www.greengardener.co.uk

Gilliom, R.J., Hamilton, P.A. (2006). "Pesticides in the nation's streams and ground water, 1992-2001 - A summary". USGS.

Helyer, N., Brown, K., Cattlin, N.D. (2014), 2e éd. *Biological Control in Plant Protection*. London, Manson Publishing.

Parker, J.E., Snyder, W.E., Hamilton, G.C., Rodriguez-Saona, C. (2014). "Companion planting and insect pest control". IntechOpen. www.intechopen.com/books/weed-and-pest-control-conventional-and-new-challenges/companion-planting-and-insect-pest-control

Platoni, A. *et al.* (2019). "Using physical barriers to prevent carrot fly (*Psila rosae* (Fabricus)) damage in domestic production". *Journal of Applied Entomology*, 143(7).

http://press.rhs.org.uk/RHS-Science-and-Advice/Press-releases/RHS-slug-study-busts-home-remedy-myths.aspx

Water Science School. "Pesticides in groundwater". USGS. www.usgs.gov/special-topic/water-science-school/science/pesticides-groundwater?qt-science_center_objects=0#qt-science_center_objects

En forme avec la vitamine G

Hunt, A., Stewart, D., Burt, J., Dillon, J. (2016). "Monitor of engagement with the natural environment : A pilot to develop an indicator of visits to the natural environment by children". *Natural England Commissioned Reports*, n° 208.

The King's Fund. "Access to green and open spaces and the role of leisure services". Research document citing Groenewegen et al. (2003). www.kingsfund.org.uk/projects/improving-publics-health/access-green-and-open-spaces-and-role-leisure-services

Kuo, F.E.M. (2013). "Nature-deficit disorder : Evidence, dosage, and treatment". *Journal of Policy Research in Tourism, Leisure and Events*, vol. 5:2, 172-186.

Soga, M., Gaston, K.J., Yamaura, Y. (2017). "Gardening is beneficial for health : A meta-analysis". *Prev Med Rep*, 5: 92-99.

Ulrich, R.S., Lundén, O., Eltinge, J. L. (1993). "Effects of exposure to nature and abstract pictures on patients recovering from heart surgery". *Psychophysiology*, 30: 7.

Votre jardin vous aide à faire redémarrer votre cerveau

Clay, R. (2001). "Green is good for you". *American Psychological Association*, vol. 32, n° 4. www.apa.org/monitor/apr01/greengood

Gross, H. (2018). *The Psychology of Gardening*. 1re éd. (*The Psychology of Everything*). Abingdon, Routledge.

Hůla M., Flegr J. (2016). "What flowers do we like ? The influence of shape and color on the rating of flower beauty". *PeerJ*, 4:e2106 https://doi.org/10.7717/peerj.2106

Kaplan, R., Kaplan, S. (1989). *The Experience of Nature : A psychological perspective*. Cambridgo, Cambridge University Press.

www.urbanplanters.co.uk/benefits-of-plants/

Van den Bosch, M., Bird, W. (éd.) (2018). *Oxford Textbook of Nature and Public Health: The role of nature in improving the health of a population*. Oxford, Oxford University Press.

Williams, M., Penman, D. (2011). *Mindfulness : A practical guide to finding peace in a frantic world*. London, Piatkus.

Quand le jardinage stimule l'estime de soi

Gross, H. (2018). *The Psychology of Gardening*. 1re éd. (*The Psychology of Everything*). Abingdon, Routledge.

Wells, N., Gary Evans, G. (2003). "Nearby nature". *Environment and Behavior*, 35(3): 311-330. www.researchgate.net/publication/246924740_Nearby_Nature

Le jardinage, remède à l'isolement

Pantell, M., Rehkopf, D., Jutte, D., Syme, L., Balmes, J., Adler, N. (2013). "Social isolation : A predictor of mortality comparable to traditional clinical risk factors". *Am. J. Public Health*, 11: 2056-2062.

Wood, C.J., Pretty, J., Griffin, M. (2016). "A case-control study of the health and well-being benefits of allotment gardening". *Journal of Public Health*, vol. 38(3), 336-344. https://academic.oup.com/jpubhealth/article/38/3/e336/2239844

Yang, Y.C., McClintock, M.K., Kozloski, M., Ting Li, T. (2013) "Social isolation and adult mortality". *Journal of Health and Social Behaviour*, 54(2): 183-203.

L'effet puissant du parfum

Hertz, R. (2007). *The Scent of Desire : Discovering our Enigmatic Sense of Smell*. New York, William Morrow.

Hyunju, J., Rodiek, S., Fujii, E., Miyazaki, Y., Bum-Jin, P., Seoung-Won, A. (2013). "Physiological and psychological response to floral scent". *Hort. Science*, vol. 48(1): 82-88. https://journals.ashs.org/hortsci/view/journals/hortsci/48/1/article-p82.xml

Moss, M., Cook, J., Wesnes, K., Duckett, P. (2003). "Aromas of rosemary and lavender essential oils differentially affect cognition and mood in healthy adults". *Intern. J. Neuroscience*, 113:15-38. https://inchemistry.acs.org/content/inchemistry/en/atomic-news/summer-scents.html

Wolfe, J.E. *et al.* (2019). *Sensation & Perception*, 5e éd. New York: Oxford University Press.

Wood-Black, F. (2017). "How scent chemicals in flowers perfume the summer air". American Chemical Society. https://inchemistry.acs.org/content/inchemistry/en/atomic-news/summer-scents.html

Maîtrisez le pouvoir de la couleur

Elliot, A.J., Fairchild, M., Franklin, A. (éd.) (2018). *Handbook of Color Psychology*. Cambridge, Cambridge University Press.

Elsadek, M., Sayak, S., Fujii, E., Koriesh, E., Moghazy, E., El Fatah, Y.A. (2013). "Human emotional and psycho-physiological responses to plant colour stimuli". *Journal of Food, Agriculture and Environment*, 11: 1584-1591.

Lawson, A. (2015). *The Gardener's Book of Colour*. London, Pimpernel Press.

Palmer, S.E., Schloss, K.B. (2010). "An ecological valence theory of human color preference". *Proceedings of the National Academy of Sciences of the United States of America*, vol. 107(19): 8877-8882.

Wilms, L., Oberfled, D. (2018). "Color and emotion : Effects of hue, saturation, and brightness". *Psychol. Res.*, 82(5): 896-914.

Les vertus vivifiantes de l'eau

Gascon, M., Zijlema, W., Vert, C., White, M.P., Nieuwenhuijsen, M.J. (2017). "Outdoor blue spaces, human health and well-being : A systematic review of quantitative studies". *Int. J. Hyg. Environ. Health*, 220(8): 1207-1221.

White, M.P., Alcock, I., Wheeler, B.W., Depledge, M.H. (2013). "Coastal proximity, health and well-being : Results from a longitudinal panel survey". *Health & Place*, vol. 23. 97-103.

Le pouvoir relaxant des chants d'oiseaux

Alvarsson, J.J., *et al.* (2010). "Stress recovery during exposure to nature sound and environmental noise". *International Journal of Environmental Research and Public Health*, 7(3): 1036-1046.

British Trust for Ornithology. (2019). "Boom time at Britain's bird feeders". *Nature Communications*. www.bto.org/press-releases/boom-time-britains-bird-feeders

British Trust for Ornithology. "Plants for fruits and seeds". www.bto.org/our-science/projects/gbw/gardens-wildlife/gardening/plants-fruit-seeds

Hedblom, M., Heyman, E., Antonsson, H., Gunnarsson, B. (2014). "Bird song diversity influences young people's appreciation of urban landscapes". Department of Biological and Environmental Sciences, University of Gothenburg. *Urban Forestry & Urban Greening*, 13: 469-474.

Ratcliffe, E. *et al.* (2016). "Associations with bird sounds : How do they relate to perceived restorative potential ?" *Journal of Environmental Psychology*, 47: 136-144.

RSPB. "Making and placing a nestbox". www.rspb.org.uk/birds-and-wildlife/advice/how-you-can-help-birds/nestboxes/nestboxes-for-small-birds/making-and-placing-a-bird-box/

La terre vous fait du bien !

Bloomfield, S.F., Rook, G.A., Scott, E.A., Shanahan, F., Stanwell-Smith, R., Turner, P. (2016). "Time to abandon the hygiene hypothesis : New perspectives on allergic disease, the human microbiome, infectious disease prevention and the role of targeted hygiene". *Perspectives in Public Health*, 136(4): 213-224. www.grahamrook.net/OldFriends/oldfriends.html

Riedler, J. et al. (2001). "Exposure to farming in early life and development of asthma and allergy : A cross-sectional survey". *Lancet*, 358(9288): 1129-33. www.ncbi.nlm.nih.gov/pubmed/11597666

Schlanger, Z. (2017). "Dirt has a microbiome, and it may double as an antidepressant". https://qz.com/993258/dirt-has-a-microbiome-and-it-may-double-as-an-antidepressant/

Le jardinage, mieux que la gym !

Guinness, B. (2008). *Garden Your Way to Health and Fitness*, Portland, OR, Timber Press.

Harvard Health Publishing (mise à jour 2018). "Calories burned in 30 minutes for people of three different weights". www.health.harvard.edu/diet-and-weight-loss/calories-burned-in-30-minutes-of-leisure-and-routine-activities

Hawkins, J.L., Smith, A., Backx, K., Clayton, D.A. (2015). "Exercise intensities of gardening tasks within older adult allotment gardeners in Wales". *Journal of Aging and Physical Activity*, 23(2): 161-8.

Olafsdottir, G. et al. (2016). "Green exercise is associated with better cell aging profiles". *The European Journal of Public Health*, 26(1). www.researchgate.net/publication/311695511_Green_exercise_is_associated_with_better_cell_aging_profiles

Shippen, J., Alexander, P., May, B. (2017). "A novel biomechanical analysis of horticultural digging". *HortTechnology*, 27(6): 746-753.

La vie secrète d'un sol sain

Pimentel, D. (2006). "Soil erosion : A rood and environmental threat". *Environment, Development and Sustainability*, 8(1): 119-137.

Tree, I. (2019). *Wilding : The Return of Nature to a British Farm*, London, Pan Macmillan.

Van Groenigen, J.W., Lubbers, I.M., Vos, H.M.J., Brown, G.G., De Deyn, G.B. Van Groenigen, K.J. (2014). "Earthworms increase plant production : A meta-analysis". *Scientific Reports*. https://www.researchgate.net/publication/ 265647813_Earthworms_increase_plant_production_A_meta-analysis/download

Le pouvoir dépolluant des plantes

Gellerman, B. (2011). "Sunflowers used to clean up radiation". *Japan Today*.

Jiang, Y., Lei, M. Duan, L., Longhurst, P.J. (2015). "Integrating phytoremediation with biomass valorisation and critical element recovery : A UK contaminated land perspective". *Biomass and Energy*, 83: 328-339.

Ojuederie, O.B., Babalola, O.O. (2017). "Microbial and plant-assisted bioremediation of heavy metal polluted environments : A review". Researchgate. www.researchgate.net/figure/Processes-used-in-phytoremediation-of-heavy-metals-Figure-designed-not-cited_fig1_321781831

Science Communication Unit, University of the West of England, Bristol (2013). "Science for environment policy in-depth report : Soil contamination : Impacts on human health". European Commission DG Environment. http://ec.europa.eu/science-environment-policy

University of Eastern Finland (2014). "Willow trees are cost-efficient cleaners of contaminated soil." *ScienceDaily*.

Une armoire à pharmacie au jardin

Minter, S. (2005). *The Healing Garden : A Practical Guide for Physical and Emotional Well-being*. London, Transworld Publishers.

Petrovska, B.B. (2012). "Historical review of medicinal plants' usage". *Pharmacogn. Rev.*, 6(11): 1-5. www.ncbi.nlm.nih.gov/pmc/articles/PMC3358962/

Simmons, M. et al. (2016). *The Gardener's Companion to Medicinal Plants : An A-Z of Healing Plants and Home Remedies*. London, Frances Lincoln.

The Royal College of Physicians' Garden of Medicinal Plants. https://garden.rcplondon.ac.uk/

www-tc.pbs.org/wgbh/nova/julian/media/lrk-disp-plantmedicines.pdf

Wong, J. (2009). *Grow Your Own Drugs*. London, Collins.

Cultivez vos fruits et vos légumes

Abuajah, C.A., Ogbonna, A.C., Osuji, C.M. "Functional components and medicinal properties of food : A review". www.ncbi.nlm.nih.gov/pmc/articles/PMC4397330/

Porter, Y. (2012). "Antioxidant properties of green broccoli and purple-sprouting broccoli under different cooking conditions". *Bioscience Horizons*, vol. 5.

Tree, I. (2019). *Wilding : The Return of Nature to a British Farm*, London, Pan Macmillan.

Wong, J. (2017). *How to Eat Better*. London, Mitchell Beazley.

L'effet rafraîchissant des plantes

Armson, D., Rahman, M.A., Ennos, A.R. (2013). "A comparison of the shading effectiveness of five different street tree species in Manchester, UK". *Arboriculture & Urban Forestry*, 39(4): 157-164.

"Benefits of a living wall". www.sempergreen.com/en/solutions/living-wall/living-wall-benefits

Brown, R.D., Gillespie, T.J. (1995). "Leaf absorption, transmission and reflection of solar radiation". https://www.researchgate.net/figure/Leaf-Absorption-Transmission-and-Reflection-of-Solar-Radiation-Source-Brown-and_fig2_224054095

Cameron, R.W.F. et al. (2015). "A *Hedera* green façade - Energy performance and saving under different maritime-temperate, winter weather conditions". *Building and Environment*, 92: 111-121.

Coutts, A. "Green infrastructure for cities". Monash University, Melbourne. http://www.meteo.fr/icuc9/presentations/PLENARY/PLENARY4.pdf

Dunnett, N., Kingsbury, N. (2008). *Planting Green Roofs and Living Walls*, London, Timber Press.

Enos, R. (2015). "Can trees really cool our cities down". *The Conversation*. http://theconversation.com/can-trees-really-cool-our-cities-down-44099

Grant, G., Gedge, D. (2019). "Living roofs and walls from policy to practice". https://livingroofs.org/wp-content/uploads/2019/04/LONDON-LIVING-ROOFS-WALLS-REPORT-2019.pdf

"Greener cities". www.vertiss.net/en/green-wall/benefits/insulation

Liu, K.K.Y. (2002). "Energy efficiency and environmental benefits of rooftop gardens". *Construction Canada*, 44(2), 17, 20-23.

Monteiro, M.V., Blanuša, T. (2015). "The cooling effects of green roofs". *The Plantsman*.

Monteiro, M.V., Blanuša, T., Hadley, P., Cameron, R.W.F. (2016). "Implication of plant selection for building insulation". *Acta horticulturae*, 1108: 339-44.

Monteiro, M.V., Blanuša, T., Verhoef, A., Richardson, M., Hadley, P., Cameron, R.W.F. (2017) "Functional green roofs : Importance of plant choice in maximising summertime environmental cooling and substrate insulation potential". *Energy and Buildings*, 141: 56-68.

Pérez, G. et al. (2014). "Vertical greenery systems for energy saving in buildings : A review". *Renewable and Sustainable Energy Reviews*, 39: 139-165.

Perini, K. et al. (2011). "Greening the building envelope, façade greening and living wall systems". *Open Journal of Ecology*, 1(1): 1-8.

Perini, K. et al. 2011). "Vertical greening systems and the effect on air flow and temperature on the building envelope". *Building and Environment*, 46: 2287-2294.

RHS. "Trees near buildings". www.rhs.org.uk/advice/profile?pid=225

Grâce aux plantes, économisez l'énergie

Giometto, M.G., Christen, A., Egli, P.E., Schmid, M.F., Tooke, R.T., Coops, N.C., Parlange, M.B. (2017). "Effects of trees on mean wind, turbulence and momentum exchange within and above a real urban environment". www.sciencedirect.com/science/article/pii/S0309170817306486

"Greener cities". www.vertiss.net/en/green-wall/benefits/insulation

Liu, Y., Harris, D.J. (2008). "Effects of shelterbelt trees on reducing heating-energy consumption of office buildings in Scotland". *Applied Energy*, Elsevier. 85(2-3): 115-127.

Pérez, G. et al. (2014). "Vertical greenery systems for energy saving in buildings: A review". *Renewable and Sustainable Energy Reviews*, 39: 139-165.

Anticipez de possibles sécheresses

Allen, M.R. et al. (2018). "Global warming of 1.5°C". IPCC.

Cameron, R., Blanuša, T. et al (2012). "The domestic garden - Its contribution to urban green infrastructure". *Urban Forestry & Urban Greening*, 11: 129-137.

Cross, R., Spencer, R. (2009). *Sustainable Gardens*. Clayton, Vic, CSIRO Publishing.

European Environment Agency, (2018). "Water use in Europe - Quantity and quality face big challenges".

Midgley, S., Steyn, W., Schmeisser, M. (2018). "What you need to know about orchard water use". Hortgro Science. *Fresh Quarterly*, 2.

RHS. "Gardening in a changing climate". www.rhs.org.uk/climate-change

RHS. "Lawns : Care during drought". www.rhs.org.uk/Advice/profile?pid=417

RHS. "Water collecting, storing and re-using". www.rhs.org.uk/advice/profile?pid=313

Richmond, T. "Mulching : Tips for beginners". *Journal of the American Rhododendron Society*. https://scholar.lib.vt.edu/ejournals/JARS/v46n4/v46n4-richmond.htm

www.waterwise.org.uk

Préservez votre jardin des inondations

Adams, C.R. et al. (2015). *Principles of Horticulture*, Abingdon, Routledge.

Bray, B., Gedge, D., Grant, G., Leuthvilay, L. "UK rain garden guide". https://raingardens.info/wp-content/uploads/2012/07/UKRainGarden-Guide.pdf

Committee on Climate Change. "UK climate change risk assessment 2017". www.theccc.org.uk/wp-content/uploads/2016/07/UK-CCRA-2017-Synthesis-Report-Committee-on-Climate-Change.pdf

Environmental Law. "Types of flooding". www.environmentlaw.org.uk/rte.asp?id=100

Federal Interagency Stream Restoration Working Group. "The urban watershed problem". www.researchgate.net/figure/The-urban-watershed-problem-source-the-Federal-Interagency-Stream-Restoration-Working_fig1_328335823

RHS. *Climate Change Report*. www.rhs.org.uk/science/gardening-in-a-changing-world/climate-change

RHS. "Rain gardens". www.rhs.org.uk/advice/profile?PID=1009

Sterling, T.M. (2004). "Transpiration - Water movement through plants". www.sciencemag.org/site/feature/misc/webfeat/vis2005/show/transpiration.pdf

Tree Canopy BMP. "Stormwater benefits of trees". http://treecanopybmp.org/tree-canopy-bmps/stormwater-benefits-of-trees

Thames Water. "What causes sewer flooding". www.thameswater.co.uk/help-and-advice/drains-and-sewers/sewer-flooding-who-to-contact/what-causes-sewer-flooding

Invitez chez vous les pollinisateurs

BBC Future (2014). "What would happen if bees went extinct?" www.bbc.com/future/story/20140502-what-if-bees-went-extinct

Butterfly Conservation. https://butterfly-conservation.org/

Garbuzov. M., Ratnieks, F.L.W. (2013). "Quantifying variation among garden plants in attractiveness to bees and other flower-visiting insects". *Functional Ecology*, 28: 364-374.

Potts, S.G. et al. (2016). "Safeguarding pollinators and their values to human well-being". *Nature*, 540: 220-229.

RHS. "Moth in your garden". www.rhs.org.uk/advice/profile?pid=499

RHS. "Plants for bugs". www.rhs.org.uk/plants4bugs

RHS. "Plants for pollinators". www.rhs.org.uk/science/conservation-biodiversity/wildlife/plants-for-pollinators

Salisbury, A. et al. (2015) "Enhancing gardens as habitats for flower-visiting aerial insects (pollinators) : Should we plant native or exotic species". *Journal of Applied Ecology*, 52: 1156-1164.

Votre jardin est-il vraiment « vert » ?

Barretta, G.E., Alexander, P.D., Robinson, J.S., Bragg, N.C. (2016). "Achieving environmentally sustainable growing media for soilless plant cultivation systems - A review". *Scientia Horticulturae*, 212: 220-234.

Cross, R., Spencer, R. (2009). *Sustainable Gardens*. Clayton, Vic, CSIRO Publishing.

Higgins, A. (2017). "Is this popular gardening material bad for the planet?" *Washington Post*. www.washingtonpost.com/lifestyle/home/should-sustainable-gardeners-use-peat-moss/2017/05/09/1fc746f0-3118-11e7-9534-00e4656c22aa_story.html?noredirect=on&utm_term=.7079e88e5d60

Kahy, D. (2019). "For the sake of the climate we must stop believing magical stories about plastics and recycling". https://unearthed.greenpeace.org/2019/07/01/for-the-sake-of-the-climate-we-must-stop-believing-magical-stories-about-plastics-and-recycling/

National Geographic Society Newsroom (2018). "7 things you didn't know about plastic (and recycling)". https://blog.nationalgeographic.org/2018/04/04/7-things-you-didnt-know-about-plastic-and-recycling/

RHS. "Peat-free growing media". www.rhs.org.uk/Advice/Profile?pid=441

www.yousustain.com

Des fleurs coupées sans kérosène

Atmosfair. www.atmosfair.de

Bek, D. "Sustainable business is good business : A view from the cut-flower industry". https://blogs.coventry.ac.uk/researchblog/sustainable-business-is-good-business-a-view-from-the-cut-flower-industry/

CBI Product Factsheet. "Fresh cut flowers and foliage in the European unspecialised market".

Central America data. "USA reduces imports of flowers and ornamental plants". www.centralamericadata.com/en/article/home/USA_Imports_Less_Flowers_and_Ornamental_Plants

Del Valle, G. (2019). "The hidden environmental cost of Valentine's Day roses". *Vox*. www.vox.com/the-goods/2019/2/12/18220984/valentines-day-flowers-roses-environmental-effects

Raboresearch. "World floriculture map 2016 : Equator countries gathering speed". https://research.rabobank.com/far/en/sectors/regional- food-agri/world_floriculture_map_2016.html

United States Environmental Protection Agency. www.epa.gov/energy/greenhouse-gas-equivalencies-calculator

OUVRAGES UTILES

Albouy , V. (2018). *Pollinisation : le génie de la nature*, Quae Gie.

Bacher, R., Perrin, Y. (2014). *Plantez votre haie naturelle ! Gourmande, fleurie, nichoir…*, Terre Vivante.

Bonte, L.-H. (2011). *Réaliser et entretenir son mur végétal*, Eyrolles.

Boucq, I. (2019). *Le Shinrin-yoku en famille. Invitation aux bains de forêt*, Hatier.

Chahine, A. (sous la dir.) (2017). *Jardins et santé. Des thérapies qui renouent avec la nature*, Petit Génie.

Champres, J. (sous la dir.) (2016). *Jardins de pluie. Une dimension écologique et paysagère de l'aménagement*, Cerema.

Chavanis, J.-C. (2010). *Ces jardins qui nous aident : des exercices pratiques pour évacuer votre stress et devenir le jardinier de votre vie*, Le Courrier du livre.

Dunnett, N., et Clayden, A. (2007). *Les Jardins et la pluie. Gestion durable de l'eau de pluie dans les jardins et les espaces verts*, Éditions du Rouergue.

Dunnett, N., Kingsbury, N. (2005). *Toits et murs végétaux*, Éditions du Rouergue.

Erm, P. d' (2019). *Natura. Pourquoi la nature nous soigne… et nous rend plus heureux*, Les Liens qui libèrent.

Green, J. (2013). *Attirer et nourrir les oiseaux au jardin*, Delachaux et Niestlé.

Grollimund, M., Hannebicque, I. (2008). *Plantes dépolluantes pour la maison*, Ulmer.

Groult, J.-M. (2008). *Créer un mur végétal en intérieur et en extérieur*, Ulmer.

Guéguen, N., Meineri, S. (2012). *Pourquoi la nature nous fait du bien*, Dunod.

Jost, J.-P., Jost-Tse, Y.-C. (2018). *Les Plantes hyperaccumulatrices de métaux lourds. Une solution à la pollution des sols et de l'eau*, Éditions Connaissances & Savoirs.

L'Hotelier, B. (2020). *Planter pour les abeilles, papillons et autres insectes pollinisateurs*, Ouest-France.

Mencagli, M., Nieri, M. (2018). *La Thérapie secrète des arbres. Les bienfaits de l'énergie de la nature sur notre santé physique et mentale*, Ideo.

Moréteau, S. (2009). *Murs et toits végétalisés. La maison, un jardin pas comme les autres*, Rustica.

Pellissier, J. (2017). *Jardins thérapeutiques et hortithérapie*, Dunod.

Petiot, É., Goater, P. (2020). *Les Alternatives biologiques aux pesticides*. Éditions Terrain.

Ribes, A. (2006). *Toucher la terre. Jardiner avec ceux qui souffrent*, Éditions Médicis.

Richard, D. (2011). *Quand jardiner soigne. Initiation pratique aux jardins thérapeutiques*, Delachaux et Niestlé.

Selhub, E., Logan, A. (2018). *Comment la nature soigne notre cerveau*, Marabout.

Tremel-Schaub, A., Feix, I. (2005). *Contamination des sols : transferts des sols vers les plantes*, EDP Sciences.

Organisations

La Royal Horticultural Society, la Société royale d'horticulture, est une association visant à favoriser le jardinage et l'horticulture pour tous. Elle entretient des jardins, prodigue des conseils et mène des recherches scientifiques, en particulier sur le bien-être et la santé : www.rhs.org.uk (en anglais).

La fédération française Jardins, Nature et Santé, créée en 2018, rassemble tous ceux qui sont engagés dans les jardins thérapeutiques, l'écothérapie et l'hortithérapie, et favorise la création de jardins : f-f-jardins-nature-sante.org.

Le Bonheur est dans le jardin est un blog consacré au jardin guérisseur et à l'hortithérapie : lebonheurestdanslejardin.org.

Le réseau des Jardins partagés (dans le cadre de celui du Jardin dans tous ses états) développe et anime les jardins conçus, créés et cultivés par des habitants d'un village ou d'un quartier : http://jardins-partages.org.

jardin-therapeutique.net est un site d'informations, de partages, de conseils et de réflexions sur les jardins thérapeutiques en tout genre : www.jardin-therapeutique.net.

Le Réseau national de surveillance aérobiologique (RNSA) classe les végétaux (de 1 à 3) selon leur potentiel allergisant et le risque allergique en temps réel par département : www.pollens.fr.

Les jardins solidaires du Secours populaire permettent à des familles en situation de précarité de cultiver une parcelle de terrain, pour y produire des fruits et des légumes destinés à leur consommation : www.secourspopulaire.fr/les-jardins-solidaires.

Dans le jardin du Musée russe, Heather Appleton, paysagiste britannique, a conçu une association de graminées, de stipes et de pennisetums, parsemée du rouge écarlate intense des pavots 'Ladybird'.

À PROPOS DES AUTEURS

Le **professeur Alistair Griffiths** est directeur des sciences et des collections de la RHS. Diplômé en horticulture (Myerscough College) et docteur en sciences (université de Reading), il est membre du Chartered Institute of Horticulture et de la Royal Society of Biology. Il siège au Ornamental and Horticulture Roundtable Group et préside l'Horticulture Forum Group. Il a été directeur scientifique de l'Eden Project. Il tient ici à remercier son épouse, Nicola Griffiths, pour son soutien lors de la réalisation de ce livre.

Matt Keightley, paysagiste reconnu et maintes fois primé, est considéré comme l'un des meilleurs spécialistes britanniques dans son domaine, avec plus de 16 années d'expérience. Il a créé quatre jardins pour le Chelsea Flower Show de la RHS, et s'est vu attribuer quatre prix, dont deux BBC People's Choice pour le plus beau jardin d'ornement, le premier pour le Help for Heroes Show Garden, en 2014, et le second, l'année suivante, pour le Hope in Vulnerability Show Garden, avec le prince Harry, duc de Sussex, et son ONG Senteball. Il contribue à des publications britanniques et participe à des conférences sur les jardins et leur conception. Il travaille depuis plusieurs années pour le Garden Wisley de la RHS. Il a aussi créé et développé le Wellbeing Garden, à l'entrée du nouveau National Centre for Horticultural Science and Learning.

Annie Gatti, journaliste spécialisée dans le jardinage, se passionne pour l'horticulture durable. Elle a collaboré à des revues comme *The Garden Design Journal* et *The Good Gardens Guide*. Elle a également tenu la rubrique jardinage du *Times*. En 2011, elle a reçu le Garden Media Guild Environmental Award, pour sa rubrique « Eco Watch » du magazine *English Garden*. Elle est actuellement journaliste free-lance pour de nombreuses publications spécialisées et pour des journaux comme *The Sunday Times*, *The Telegraph* et *The Guardian*.

Zia Allaway est journaliste, auteure et horticultrice de renom. Elle a écrit de nombreux ouvrages pour la RHS et DK Editions, dont *The Complete Gardeners' Manual*, *How to Grow Practically Everything*, *RHS Practical House Plant Book* et *Indoor Edible Garden* (*Mon potager d'appartement*, Larousse, 2018). Elle a collaboré avec Diarmuid Gavin pour deux ouvrages de conception des jardins, et elle a contribué à l'*Encyclopedia of Garden Design*. Elle dispense ses conseils depuis sa maison du Hertfordshire, où elle a ouvert au public un petit jardin de faune sauvage, dans le cadre du National Gardens Scheme britannique.

L'ÉQUIPE SCIENTIFIQUE DE LA RHS

Depuis la fin des années 2000, l'équipe scientifique de la RHS travaille, en collaboration avec des collègues de nombreuses universités britanniques et européennes, en particulier celles de Sheffield, de Reading et de Cranfield, sur les bienfaits et les effets des plantes de jardin, du jardinage et des jardins sur la santé et l'environnement.

Les recherches portent notamment sur le choix des plantes à faire pour la diminution des risques d'inondation, pour l'amélioration de la qualité de l'air, pour le rafraîchissement et l'isolation des bâtiments, pour l'atténuation de la pollution et l'amélioration de la rétention d'eau des sols, mais aussi sur la compréhension de la biodiversité et sur le rôle que peuvent jouer les jardins urbains pour l'amélioration de la santé et du bien-être. La diversité de ces recherches montre l'effet important des jardiniers, du jardinage et des jardins sur l'environnement et la santé publique.

Domaines principaux des recherches :

Optimisation des plantations de jardin pour la santé et l'environnement : RHS Horticultural Taxonomy Team.

Rôle des jardins sur la santé et l'environnement : RHS Environmental Horticulture Team

Changement climatique : RHS Environmental Horticulture Team.

Biodiversité et santé végétale : RHS Plant Health Team.

Gestion des ressources et des déchets dans les jardins : RHS Environmental Horticulture Team.

En achetant ce livre, vous contribuez aux œuvres de la RHS. Il s'agit en particulier d'enrichir la banque de données du jardinage et des plantes de jardin disponible pour nos membres et pour tous les jardiniers, par le biais de notre site Internet (RHS Information and Advance Team), de nos écoles, de nos programmes de publications et de vulgarisation, ainsi que de nos réseaux de jardinage. Pour en savoir plus sur la stratégie scientifique de la RHS et sur nos travaux, consultez : www.rhs.org.uk/science.

REMERCIEMENTS DE L'ÉDITEUR

Dorling Kindersley tient à remercier Chris Young, de la RHS, pour avoir eu l'idée de proposer le concept de ce livre, en 2018, à la RHS Chelsea ; Elena Armenise, conseillère technique sur les nappes phréatiques de l'Agence environnementale, pour son aide concernant les sols ; Tijana Blanuša, directrice de recherche de l'horticulture à la RHS, pour son aide sur la pollution atmosphérique et les écosystèmes ; Helen Bostock, conseillère en horticulture à la RHS, pour son aide sur les pollinisateurs, les prédateurs, les mares vivantes et les prairies ; Ross Cameron et Lauriane Suyin Chalmin-Pui, de la Sheffield University, pour leur aide sur le bien-être des personnes et sur les paysages ; John W. Dover, professeur émérite d'écologie à la Staffordshire University, pour son aide sur les particules et la pollution atmosphérique ; Mark Gush, directeur de l'horticulture environnementale à la RHS, pour son aide sur les problèmes de l'eau ; Leigh Hunt, conseiller en horticulture à la RHS, pour son aide sur l'écosystème et l'horticulture ; Janet Manning, spécialiste en gestion de l'eau du programme Innovate UK KTP de la Cranfield University, pour son aide sur les problèmes de l'eau ; Patrick Osborne, directeur des programmes de sciences environnementales (géographie et sciences environnementales) à l'université de Southampton, pour son aide sur la pollution sonore ; Marc Redmile-Gordon, chercheur à la RHS sur le changement climatique et le sol, pour son aide sur les sols ; Andrew Salisbury, responsable de l'entomologie au RHS Garden Wisley, pour son aide sur les pollinisateurs et les prédateurs.

Jamie Ambrose, Helena Caldon, Joanna Micklem, Jane Simmonds et Rona Skene pour leurs textes et leurs contributions ; Sarah Hopper pour ses recherches iconographiques ; Steve Crozier pour ses travaux de retouche ; Glenda Fisher, Hannah Moore, Sara Robin, Collette Sadler et Jessica Tapolcai pour leurs contributions artistiques et techniques ; Vanessa Bird, pour l'index.

CRÉDIT PHOTO

L'éditeur tient à remercier les photographes suivants, pour l'avoir autorisé à publier leurs œuvres :

Légende : h (en haut) ; b (en bas) ; d (à droite) ; g (à gauche) ; bd (en bas, à droite) ; bg (en bas, à gauche) ; bm (en bas, au milieu) ; m (au milieu) ; md (au milieu, à droite) ; mg (au milieu, à gauche) ; mh (au milieu, en haut), mb (au milieu, en bas) ; mgb (au milieu, à gauche, en bas) ; mdb (au milieu, à droite, en bas) ; hd (en haut, à droite) ; hg (en haut, à gauche) ; hm (en haut, au milieu) ; thg (tout en haut, à gauche) ; thd (tout en haut, à droite).

123RF.com : 91010ra 107 (bd), annieeagle 149 (mg), anoli50 201 (mgb), azazel 201 (hd), Anthony Brown 192 (hg), Yuriy Chertok 96 (h), chuyu 149 (bd), victor Lord denovan 201 (m), Aleksey Dmetsov 25 (mgb), Dennis Jacobsen 119 (h), Olena Kornyeyeva 27 (b), Michael Lane 119 (bd), lapis2380 157 (bd), lianem 177 (mg), Noppharat Manakul 148-149 (hm), maxaltamor 55 (bm) (syrphides), meaothai 46 (h), Alicja Neumiler 87 (hd), Tarapong Pattamachaiyant 39 (b), pstedrak 73 (bg), Alfio Scisetti 201 (bd), swkunst 124-125 (h), Evgenii Zadiraka 120 (hg), Zhang YuanGeng 55 (mb) (névroptères), Rudmer Zwerver 121 (mg), **Наталья Бачкова** 117 (h) ; **Alamy Stock Photo:** Andrea Jones Images 192 (bg), Anna Stowe Botanica 58-59, blickwinkel 25 (bg), Ian Bottle 69 (bg), Andreas von Einsiedel 166-167, 188-189, funkyfood London - Paul Williams 205 (b), Tim Gainey 36 (b), A Garden 94-95 (hm), 108-109, 181, Holmes Garden Photos 95 (m), Ernie Janes 194, katewarn images 41 (h), Henri Koskinen 197 (m)/TRP9H4., 197 (b), mike lane 120 (hd), Annette Lepple 38-39, Mark Bolton Photography 189 (b), John Martin 13, mauritius images GmbH 36-37 (hm), 95 (b), Micheko Productions, Inh. Michele Vitucci 123, MISCELLANEOUSTOCK 141 (hd), Jacky Parker 79l, Kim Petersen 91, Prettyawesome 39 (bd), Alex Ramsay 180, 182-183, RM Floral 105 (bd), 114 (b), Ellen Rooney 14-15, 81 (b), Manfred Ruckszio 177 (hg), Ian Shaw 156-157 (bm), SJ Images 74-75, Hakan Soderholm 200 (b), Poupine Thomas 104-105 (hm), Ian Thwaites 173 (bd), Jacek Wac 170-171, Westend61 GmbH 147 (hd), Zoonar GmbH 201 (bm) ; **Bluum Green Roof Stores Co. :** 189 (md) ; **Dorling Kindersley :** 123RF.com/Denis Tabler 55 (mb) (coccinelle), 123RF.com : Cseh Ioan/grafvision 155 (bd), 123RF.com : linux87 67 (bd), 123RF.com : Martin Damen 195 (hg), Mark Winwood/RHS Chelsea Flower Show 2014 86-87 (hm), 177 (hd), Alamy : Rosemary Calvert 97 (bg), Peter Anderson 37 (b), 155 (bg), Peter Anderson/Designer :Arnie Maynard 26 (h), Peter Anderson/RHS Chelsea Flower Show 2009 179 (hg), Peter Anderson/RHS Chelsea Flower Show 2010 113 (h), Peter Anderson/RHS Chelsea Flower Show 2011 ; Designer : Bunny Guinness 141 (hm), Peter Anderson/RHS Chelsea Flower Show 2011. Designer : Diamuid Gavin 113 (b), Peter Anderson/ RHS Chelsea Flower Show 2011. Designers : James Wong and David Cubero 112-113 (h), Peter Anderson/RHS Hampton Court Flower Show 102, 141 (b), Peter Anderson/ RHS Hampton Court Flower Show 2014 39 (hd), 52-53 (hm), 103 (d), 172 (b), 196 (b), Peter Anderson/RHS Hampton Court Flower Show ; Designer : Caroline Comber 107 (hd), Peter Anderson ; Designer : Adam Frost 146-147 (hm), Peter Anderson ; Designer : Anoushka Feiler 98 (bm), Peter Anderson ; Designer : Nilufer Danis 105 (hd), Peter Anderson ; Designer : Roger Platts 75 (b), Peter Anderson ; Designer : Susannah Hunter 78, Peter Anderson. Designer : Borut Benedeji 41 (b), Peter Anderson. Designer : Heather Appleby 221, Alan Buckingham 55 (mgb) (Mealybugs), 157 (m), Dreamstime : Alfio Scisetti/Scisettialfio 87 (bd), Dreamstime.com : Alle 195 (hm), Dreamstime.com : Artjazz 197 (h), Dreamstime.com : Irochka 73 (bm), Stephanie Farrow 176 (b), Neil Fletcher 212 (bg), Getty : Reggie Casagrande/Photodisc 53 (md), Christine Keilty 73 (hg), Brian North/ Waterperry Gardens 22 (h), 76-77 (h), Peter Anderson/RHS Chelsea Flower Show 2011 157 (hg), 167 (d), Rob Streeter 87 (bg), Mark Winwood/Ball Colegrave 77 (mg), Mark Winwood/RHS Wisley 25 (h), 25 (mbd), 41 (md), 47 (md), 47 (bd), 52 (b), 55 (hg) (limaces et escargots), 98 (hg), 107 (m), 192 (bm), Steven Wooster 179 (hd), Barbara Zuniga 201 (hg) ; Dreamstime.com : Lari Bat 55 (mh) (Conitis nitida) ; **Getty Images :** Ron Evans 27 (h), GaryAlvis 74 (b), Melinda Podor 73 (hd), Richard Radford 119 (md), VladGans 152-153, Watcharapong Thawornwichian/EyeEm 112 (b) ; **James Hadley/University of Reading :** 21 (hg), 21 (hd), 21 (bg), 21 (bd), 21 (thg) ; **EMLab/University of Reading** 21 (thd), 21 (bd) ; **Hazelwood Landscapes Ltd :** Steve P. Dudley 179 (b) ; **Jason Ingram Photography :** 18-19, 62-63, 101 (hg), 132-133, 162-163, 210-211 ; **Matt Keightley/Rosebank Landscaping :** 12, 42 (b), 42-43, 66 (hg), 68 (b), 68-69, 69 (bd), 80-81, 88-89, 98-99, 106-107 (hm), 114-115 (h), 114-115 (bm), 115, 172-173 (h), 192-193 ; **naturepl.com :** MYN/Niall Benvie 45 (g) ; **Olivia Kirk Gardens :** 48-49 ; **Stephen Studd :** 30-31 (bm), 43 (h), 67 (bg), 80 (b), 140-141 (hm), 142-143, 158-159.

Toutes les autres images © Dorling Kindersley
Pour plus d'informations, consultez www.dkimages.com

Publié pour la première fois en Grande-Bretagne en 2020 par
Dorling Kindersley Limited sous le titre *Your Wellbeing Garden*.

DK, One Embassy Gardens, 8 Viaduct Gardens
London SW11 7BW
A Penguin Random House Company

THE ROYAL HORTICULTURAL SOCIETY
Responsable d'édition RHS Rae Spencer-Jones
Éditeur RHS Simon Maughan
Chef de l'horticulture RHS Guy Barter
Directeur éditorial Chris Young

POUR L'ÉDITION FRANÇAISE
Copyright © Éditions First, un département d'Édi8
92, avenue de France – 75013 Paris
Email : firstinfo@efirst.com
Site Internet : www.editionsfirst.fr

Traduction Michel Beauvais
Relecture Franck Fries
Correction Irène Colas
Mise en pages Ma petite FaB - Laurent Grolleau

ISBN : 978-2-412-06257-9
Dépôt légal : janvier 2021
Imprimé en Chine

Pour les esprits curieux
www.dk.com

NOTE DE L'ÉDITEUR

Les informations contenues dans ce livre ont été regroupées à titre d'information sur les sujets spécifiques abordés, et certaines des plantes présentées ou décrites peuvent être nocives ou toxiques à ingérer. Les informations contenues dans ce livre ne sont pas un substitut et ne doivent pas être invoquées pour obtenir des conseils professionnels médicaux, de santé ou pharmaceutiques. Veuillez consulter votre médecin avant de changer, d'arrêter ou de commencer tout traitement médical ou d'utiliser des remèdes à base de plantes.
À la connaissance des auteurs, les informations fournies sont correctes et à jour au 22 novembre 2019. La pratique, les lois et les règlements étant souvent modifiés, le lecteur devrait obtenir des conseils professionnels à jour sur ces questions. L'auteur et les éditeurs déclinent, dans la mesure où la loi le permet, toute responsabilité découlant directement ou indirectement de l'utilisation ou de la mauvaise utilisation des informations contenues dans ce livre.